O ENSINO DO DIREITO DE FAMÍLIA NO BRASIL

COLEÇÃO FÓRUM
**DIREITO
CIVIL**
E SEUS DESAFIOS
CONTEMPORÂNEOS

COLEÇÃO FÓRUM
DIREITO CIVIL
E SEUS DESAFIOS CONTEMPORÂNEOS

DIMITRE BRAGA SOARES DE CARVALHO

Prefácio
Fabíola Albuquerque Lobo

O ENSINO DO DIREITO DE FAMÍLIA NO BRASIL

4

Belo Horizonte

FÓRUM
CONHECIMENTO JURÍDICO

2021

FÓRUM
CONHECIMENTO JURÍDICO

Luís Cláudio Rodrigues Ferreira
Presidente e Editor

Coordenação editorial: Leonardo Eustáquio Siqueira Araújo
Aline Sobreira de Oliveira

Av. Afonso Pena, 2770 – 15º andar – Savassi – CEP 30130-012
Belo Horizonte – Minas Gerais – Tel.: (31) 2121.4900 / 2121.4949
www.editoraforum.com.br – editoraforum@editoraforum.com.br

Técnica. Empenho. Zelo. Esses foram alguns dos cuidados aplicados na edição desta obra. No entanto, podem ocorrer erros de impressão, digitação ou mesmo restar alguma dúvida conceitual. Caso se constate algo assim, solicitamos a gentileza de nos comunicar através do *e-mail* editorial@editoraforum.com.br para que possamos esclarecer, no que couber. A sua contribuição é muito importante para mantermos a excelência editorial. A Editora Fórum agradece a sua contribuição.

Dados Internacionais de Catalogação na Publicação (CIP) de acordo com a AACR2

C331e   Carvalho, Dimitre Braga Soares de
           O ensino do Direito de Família no Brasil/ Dimitre Braga Soares de Carvalho.
           – Belo Horizonte : Fórum, 2021.
           205 p.; 14,5x21,5cm

           Coleção Fórum Direito Civil e seus desafios contemporâneos, v. 4

           ISBN da coleção: 978-85-450-0675-6
           ISBN do volume: 978-65-5518-111-1

           1. Direito Civil. 2. Direito de Família. I. Título.

                                                                CDD 342.16
                                                                CDU 347.6

Elaborado por Daniela Lopes Duarte – CRB-6/3500

Informação bibliográfica deste livro, conforme a NBR 6023:2018 da Associação Brasileira de Normas Técnicas (ABNT):

CARVALHO, Dimitre Braga Soares de. *O ensino do Direito de Família no Brasil*. Belo Horizonte: Fórum, 2021. 205 p. (Coleção Fórum Direito Civil e seus desafios contemporâneos, v. 4). ISBN 978-65-5518-111-1.

Para Carol!

AGRADECIMENTOS

Agradeço, de forma sincera, à Professora Fabíola Albuquerque Lobo, que abraçou, desde o início, esta proposta de trabalho, sugerindo a realização do Estágio Pós-Doutoral ainda quando da minha vinda para a Faculdade de Direito do Recife para cumprir período de Licença Capacitação. Ao longo do ano de 2019 tive, dentre outras alegrias, o privilégio de conviver mais de perto com esta professora, desfrutar de sua amizade e de sua orientação acadêmica. Ao longo dos anos, tenho aprendido muito com a Professora Fabíola Albuquerque Lobo. Assistir a suas aulas de Direito de Família, logo no início das atividades desse Pós-Doutoramento, levou-me à construção da pesquisa sobre o "Ensino no Direito de Família no Brasil". Além de célebre professora da matéria, atividade que desenvolve com esmero e dedicação há muito tempo, a Professora Fabíola Albuquerque Lobo semeia generosidade ao abrir as portas do seu conhecimento e da sua atividade docente para tantos quanto a procuram, em todos os níveis, desde a Graduação, com lastro e experiência na Pós-Graduação *Lato Sensu*, em nível de Especialização, nas orientações de Mestrado, Doutorado e agora, também, de Pós-Doutoramento. Com sua convivência tenho aprendido, sobretudo, sobre elegância no trato, serenidade acadêmica e gentileza universitária. Já há muitos anos a conheço e não tenho palavras para descrever as oportunidades que sua generosidade tem permitido usufruir.

Registro, igualmente, meu agradecimento à Faculdade de Direito do Recife, centro maior de estudo e ensino do Direito na Região Nordeste, referencial simbólico e um dos máximos expoentes da cultura jurídica no Brasil.

Agradeço a generosa acolhida dos alunos da Graduação em Direito da FDR, sobretudo os alunos da Disciplina Direito de Família dos semestres 2019.1 e 2019.2, turno da manhã, pela interação e receptividade. O entusiasmo das turmas de Graduação em Direito foi o elemento motivador mais importante para a construção deste trabalho.

Aos alunos e servidores do Mestrado e do Doutorado em Direito, do Programa de Pós-Graduação em Direito – PPGD da Universidade

Federal de Pernambuco, onde realizamos trocas teóricas sensíveis, agradeço a gentileza da receptividade.

A todo o Grupo de Pesquisa Constitucionalização das Relações Privadas – CONREP/PPDG/UFPE, sob a condução dos professores Drs. Paulo Lôbo e Fabíola Albuquerque Lobo, ambiente no qual esse projeto de Pós-Doutoramento foi gestacionado.

Ao Instituto Brasileiro de Direito de Família – IBDFAM, nas pessoas do seu presidente, Dr. Rodrigo da Cunha Pereira, e da Secretária Executiva, Sra. Maria José Marques, pela visibilidade dada a esta pesquisa, hospedada em seu Portal Nacional e por meio de sua comunicação institucional que, através da sua capilaridade no país, permitiu alcançar docentes de Direito de Família de todos os estados da Federação.

Finalmente, agradeço ao querido amigo e professor Dr. Marcos Ehrhardt Jr, organizador da Coleção Fórum "Direito Civil e seus desafios contemporâneos", pelo acolhimento fraternal e a generosidade acadêmica de sempre.

A chuva cai sobre o Recife devagar, banha o Recife,
apaga a lua, lava a noite, molha o rio,
e a madrugada neste bar.
A chuva cai sobre o Recife devagar.
A chuva cai sobre o telhado das casinhas de subúrbio,
canta berceuses a doce chuva. É a voz das mães
que estão no canto de onde a chuva agora veio.
A chuva cai, desce das torres das igrejas do Recife,
corre nas ruas, e nestas ruas, ainda há pouco tão vazias,
agora passam, de capote, transeuntes
do tempo longe, esses fantasmas de mãos frias.

A chuva cai sobre o Recife
(Mauro Mota)

SUMÁRIO

COLEÇÃO FÓRUM DIREITO CIVIL E SEUS DESAFIOS CONTEMPORÂNEOS

A vida em sociedade é uma constante mutação nos modos e na intensidade de relações interpessoais cada vez mais fluidas e complexas. Diversidade e pluralidade se tornam um desafio para operadores do Direito comprometidos com as diretrizes axiológicas do texto constitucional, num cenário de pouca tolerância e respeito a pontos de vista e escolhas comportamentais e negociais diferentes da maioria.

O Direito Civil exprime o cotidiano do sujeito comum, do indivíduo que assume funções em seu ambiente familiar, negocial e tem que equilibrar as necessidades de interação e contato social com o respeito a seus valores e visão de mundo, que determinam seu projeto de vida e decisões eminentemente existenciais. A velocidade das mudanças no mundo contemporâneo tem produzido um evidente impacto nos institutos tradicionais da disciplina, que carecem de ressistematização e uma funcionalização atenta aos legítimos interesses das pessoas envolvidas.

O melhor caminho para refletir sobre os desafios de aplicar um conhecimento que era abordado de modo estático numa realidade analógica a um cenário dinâmico de elevada interação digital é ter acesso a um acervo de qualidade técnica, elaborado mediante uma pesquisa de fontes exemplar, comprometido com a análise crítica do contexto fático atual e com uma metodologia que privilegia a pessoa e suas necessidades existenciais em detrimento de aspectos puramente patrimoniais.

Com esses objetivos apresenta-se a *Coleção Fórum de Direito Civil e seus desafios contemporâneos*, criada com a finalidade de servir como um espaço privilegiado para a discussão de um Direito Civil adequado às demandas do tempo presente. Os livros que forem editados com este selo têm por objetivo abordar temas que necessitam de maior atenção e debate de operadores jurídicos, quer seja por sua inovação, necessidade de revisão de entendimentos clássicos, quer seja pela nova abordagem que sugerem para o enfrentamento de questões controversas relevantes para a melhoria da prestação jurisdicional em nosso país. Busca-se reunir uma doutrina útil para novas pesquisas e para servir de fonte preferencial para decisões judiciais, servindo de fundamento para a atuação de advogados, promotores, defensores e magistrados.

Com a criação desta coleção, a Editora Fórum mais uma vez reafirma seu compromisso com a consolidação e a divulgação de doutrina jurídica de qualidade a seus leitores, garantindo um espaço de excelência para o trabalho de todos aqueles que acreditam na pesquisa jurídica como um dos caminhos para a construção de uma sociedade mais justa e solidária.

Maceió/AL, 21 de abril de 2019.

Marcos Ehrhardt Jr.
Coordenador

Esta obra é resultado do Estágio Pós-Doutoral realizado durante o ano de 2019, perante o Programa de Pós-Graduação em Direito, do Centro de Ciências Jurídicas da Universidade Federal de Pernambuco, sob minha orientação.

O trabalho de intensa pesquisa transformou-se na obra que agora se apresenta ao público, intitulada *O ensino do Direito de Família no Brasil.*

A pesquisa iniciou-se com a revisitação das obras de referências históricas em torno do ensino jurídico. Nada mais representativo que a célebre aula inaugural dos cursos da então Faculdade Nacional de Direito proferida por San Tiago Dantas (1955) intitulada "A educação jurídica e a crise brasileira". Tal pronunciamento, por sua relevância, transformou-se num dos textos mais emblemáticos e significativos sobre a necessidade de reflexão sobre o ensino jurídico no país, sendo reverenciado e citado com frequência na atualidade, sobretudo por estudiosos do tema.

Dando um salto temporal, nos anos 1978/1979, imbuída pelos ares da democratização do Estado, a Universidade de Brasília promoveu um evento denominado Encontros da UnB-Ensino Jurídico objetivando refletir "o papel do jurista no projeto brasileiro" de democratização.

Em 1981, o Conselho Federal da OAB promoveu a edição especial da *Revista da OAB*, de nº 29, voltada ao ensino jurídico no Brasil, com contribuições relevantíssimas ao estudo do tema. A bem da verdade, a década de 1980 deixou um valioso legado bibliográfico sobre o ensino do Direito. Este movimento persistiu na década de 1990, cujo destaque é a ativa participação do Conselho Federal da Ordem dos Advogados do Brasil, através da novel Comissão de Ensino Jurídico, presidida pelo então Conselheiro Federal e professor, Paulo Lôbo, durante o período de 1991 a 1998. O intenso trabalho da Comissão, empreendido em quase uma década, culminou com a edição em cinco volumes, da coleção OAB-Ensino Jurídico distribuídos da seguinte maneira, a saber: *Diagnóstico, perspectivas e propostas* (1992), *Parâmetros para elevação de qualidade e avaliação* (1993), *Novas diretrizes curriculares* (1996) e a edição comemorativa *170 anos de criação dos cursos jurídicos no Brasil* (1997). Posteriormente, sob a presidência do Conselheiro Federal e professor, Adilson Gurgel de Castro, foi lançado o quinto e último volume da coleção intitulada *Balanço de uma experiência* (2000). Este manancial doutrinário qualitativo e quantitativo ressaltou o protagonismo da OAB com o processo de reforma do ensino jurídico, conjuntamente com professores e especialistas de todo o país.

Ainda na mesma década de 1990 houve uma profusão de textos legais dirigidos à melhoria da qualidade dos cursos jurídicos, destacando-se a Portaria MEC nº 1886/1994, que fixou as diretrizes curriculares e o conteúdo mínimo do curso jurídico, com intensa repercussão em todas as Instituições de Ensino Superior no Brasil, uma vez que foram obrigadas a reestruturarem seus cursos de Direito, segundo os moldes estabelecidos na referida Portaria. Para além de currículo mínimo, com rol de disciplinas obrigatórias, que marcaram as experiências anteriores no Brasil desde 1827, as diretrizes curriculares estabeleceram padrões de qualidade, repetidos nas edições posteriores editadas pelo CNE, merecendo destaque: a interlocução entre os eixos de formação fundamental, de formação profissional e de formação prática, a integração entre ensino, pesquisa e extensão em direito, a liberdade de cada curso definir seu projeto pedagógico, contemplando suas peculiaridades e demandas locais e as habilidades, competências e o perfil do profissional, a inclusão de atividades complementares para enriquecimento da formação do aluno, a monografia final para capacitar o formando na produção do discurso jurídico, a oferta ao público com instalações adequadas de núcleo de prática jurídica.

Este breve resgate histórico foi apenas para ilustrar o quanto o debate em torno do ensino jurídico é rico e continua despertando o interesse de professores universitários das diversas regiões do país, congregados em associações como o Conselho Nacional de Pesquisa e Pós-Graduação em Direito (CONPEDI) e a Associação Brasileira de Ensino do Direito (ABEDI), exemplificativamente.

Feitas estas considerações preliminares e de volta à obra que ora prefaciamos, o autor ratifica o quanto o fascínio sobre o tema do ensino jurídico é sempre atual e dotado de relevante importância para as presentes e futuras gerações. O autor optou por demarcar seu campo de investigação ao ensino do Direito de Família. Tal recorte foi inspirado praticamente em valiosas contribuições, as quais constituíram os marcos teóricos da pesquisa. Entre elas: *Educação: o ensino do Direito de Família no Brasil*, de autoria de Paulo Luiz Netto Lôbo (1999) e o livro *O ensino do Direito de Família contemporâneo*, do professor português Jorge Duarte Pinheiro, que propõe uma visão comparatista do Direito de Família entre Portugal e Brasil (2008).

A presente obra é dotada de pioneirismo, ineditismo e abrangência nacional. O pioneirismo decorre da forma como foi realizada a pesquisa, mediante a conjugação de diversas variáveis que fomentaram o percurso para traçar a radiografia fidedigna do ensino Direito de Família na atualidade brasileira. Tal feito resulta numa contribuição inédita e colmata uma lacuna até então existente de um estudo pormenorizado nas suas variadas nuances, acerca do tema.

A partir da parceria firmada entre a Faculdade de Direito do Recife (por meio do Programa de Pós-Graduação em Direito da Universidade Federal de Pernambuco – PPGD/UFPE) e o Instituto Brasileiro de Direito de Família – IBDFAM, tornou-se possível a participação efetiva de docentes de Direito de Família de todas as unidades da Federação, denotando a abrangência nacional da pesquisa. A contribuição do IBDFAM foi decisiva, tanto para a visibilidade da pesquisa, que ficou hospedada no Portal Nacional do IBDFAM por 3 (três) meses, de 14 de março de 2019 até 18 de junho de 2019, através de *banner virtual*, encaminhamento de mala direta para todos os associados do Instituto, bem como divulgação através de *Boletim Informativo* e postagem na sua conta do Instagram.

A obra apresenta-se dividida em três partes, sendo a primeira destinada à reflexão crítica sobre o ensino do Direito de Família, a segunda à prática docente de Direito de Família no Brasil, o que possibilitou traçar um perfil do docente que ministra o Direito de Família nas Instituições de Ensino Superior brasileiras, e a terceira e última parte é a visão do autor de como a disciplina de Direito de Família é ministrada no país, a partir das potencialidades, dificuldades e especificidades locais. Para além da divisão metodológica proposta, a finalidade da obra é demonstrar, segundo suas próprias palavras, "que o ensino do Direito de Família reconstrói-se e se ressignifica a partir de certa 'alteridade acadêmica, segundo a qual é possível revisitar conceitos, refletir sobre a atividade prática da sala de aula no ensino superior e na pós-graduação, além de enfrentar o permanente desafio de lidar com a complexidade do Direito de Família'".

A obra revela-se proveitosa para os docentes e discentes dos cursos jurídicos do Brasil, não apenas no que concerne ao estado da arte, mas, principalmente, por contribuir com dados, informações e reflexões para a melhoria da formação dos profissionais do Direito no Brasil.

Boa leitura.

Recife (PE), outubro de 2020.

Fabíola Albuquerque Lobo
Prof.ª Titular do Centro de Ciências Jurídicas /UFPE

APRESENTAÇÃO

Concluída a jornada acadêmica de formação e Pós-Graduação em Direito e, após mais de uma década lecionando Direito de Família, tenho o redobrado privilégio de me ver, novamente, como aluno, ao cumprir o Estágio de Pós-Doutoramento na tradicionalíssima Faculdade de Direito do Recife, sob a supervisão da Professora Dra. Associada Fabíola Lôbo. A oportunidade de voltar a acompanhar aulas de Direito de Família, na Graduação e no Programa de Pós-Graduação em Direito – PPGD da Universidade Federal de Pernambuco – UFPE, na condição de assistente da eminente Professora, foi marcante e decisiva. Tratou-se de ocasião ímpar para revisitar e analisar, em renovada perspectiva, a sempre rica experiência do ensino-aprendizagem, desta vez sob a condução de uma das mais experientes e respeitadas professoras da matéria no país.

O ensino do Direito de Família, tema central da pesquisa do meu Estágio Pós-Doutoral, reconstrói-se e se ressignifica a partir de certa "alteridade acadêmica", segundo a qual é possível nos colocar no lugar de outro professor, revisitar nossos conceitos, refletir sobre a atividade prática da sala de aula no ensino superior e na Pós-Graduação, além de enfrentar, sob nova orientação, o permanente desafio de lidar com a complexidade do Direito de Família.

A oportunidade de cursar o Pós-Doutoramento na área de Direito Civil, e de forma mais específica no âmbito do Direito de Família, aliadas ao gravame simbólico e de prestígio da Faculdade de Direito do Recife, principal centro de estudos do Direito no Nordeste, foi um momento de amadurecimento pessoal e acadêmico, enriquecido pela oportunidade de conviver, aprender e acompanhar as aulas de Direito de Família e usufruir do conhecimento pleno de talento jurídico, aprofundamento e sólida formação, qualidades que caracterizam a cátedra da Professora Fabíola Lôbo ao longo de sua trajetória na Casa de Tobias Barreto.

Reafirmo minha gratidão e alegria em ter realizado o Pós-Doutoramento nessa casa e sob a orientação da Professora Fabíola Albuquerque Lobo, a quem sou sinceramente reconhecido.

Este trabalho foi construído a partir de uma pesquisa que estabeleceu parceria inédita entre a Faculdade de Direito do Recife (por meio do Programa de Pós-Graduação em Direito da Universidade Federal de Pernambuco – PPGD/UFPE) e o Instituto Brasileiro de Direito de Família – IBDFAM. A contribuição do IBDFAM foi decisiva, tanto para a visibilidade da pesquisa, que ficou hospedada no Portal Nacional do IBDFAM por 03 (três) meses, de 14 de março de 2019 até 18 de junho de 2019, através de "banner virtual", encaminhamento de "mala direta" para todos os associados do Instituto, bem como divulgação através de *Boletim Informativo* e postagem na sua conta do Instagram. A excelência do IBDFAM tornou mais robusta a pesquisa, como um selo de qualidade atribuído ao objetivo deste estudo.

Há 192 anos – uma data tão antiga quanto a independência do Brasil – um decreto imperial criou a então chamada Faculdade de Ciências Sociais e Jurídicas de Olinda, semente da atual Faculdade de Direito do Recife. Estrategicamente localizada na capital pernambucana, a Faculdade de Direito do Recife confunde sua notoriedade e importância com a própria história da cidade.

Historicamente, o Recife sempre foi a capital cultural do Nordeste, e a prova mais taxativa disso é sua secular Faculdade de Direito, atualmente vinculada à Universidade Federal de Pernambuco. Esta casa, ao longo de várias décadas, funcionou como centro de ideias filosóficas, sociológicas e até científicas; sendo consabido que a primeira grande manifestação desse centro de ideias consistiu na chamada Escola do Recife, ideário filosófico de orientação germanística cujo líder foi Tobias Barreto, conhecido divulgador de filosofias que, à sua maneira, contribuiu com doutrinas próprias e significativamente peculiares. Seguiram-se-lhe Sílvio Romero, Arthur Orlando e Martins Júnior. Depois vieram os mais influenciados pela cultura francesa, como Soriano de Souza, Joaquim Nabuco, Antônio Pedro Figueiredo e Henrique Millet. Houve ainda nomes exponenciais como o de Clóvis Bevilacqua, um remanescente da Escola do Recife na linha civilista da Faculdade.

Na década de 20 do século passado, os estudantes recifenses, tendo à frente o poeta Joaquim Inojosa, ficaram empolgados com o Modernismo. Discutiam-se, entrementes, as concepções modernistas e tradicionalistas de Gilberto Freyre. Nos anos 1930, a pequena burguesia que compunha a Faculdade de Direito foi toda catalisada por ideias liberais e reformistas, trazidas no bojo do movimento revolucionário de então – que no Recife teve caráter eminentemente popular. Por seu turno, igualmente, deixou vestígios a geração de 1945, pelo posicionamento liberal e majoritariamente reformista. Dos anos do pós-guerra para cá, jamais cessaram as conquistas teóricas.

Atualmente, a Faculdade de Direito continua prestando sua contribuição à região geográfica na qual está inserida. Para ela ainda acorrem estudantes de vários estados nordestinos, em busca da tradição do ensino de Graduação, ou dos cursos de excelência na Pós-Graduação. Perde um pouco a Faculdade a sua feição de centro de humanismo, mas ainda são vários os bacharéis que, depois de formados, se voltam para a Filosofia, para a Sociologia e para a Política. Entretanto, foi sobretudo no campo jurídico que se deu a maior transformação na sua história recente. Voltou-se, a FDR, de maneira profunda, para a modernização do ensino jurídico e para a consolidação de referência no estudo, excelência nas reflexões acadêmicas e na produção do Direito de extrema qualidade, em diversas áreas das Ciências Jurídicas.

A quase bicentenária Faculdade de Direito do Recife prossegue a ser a presença viva e atuante, não só das Ciências Jurídicas, mas nas Ciências Humanas de modo geral, coerente com seu passado de núcleo de pensamento para a ação política no Brasil; um símbolo suntuoso da pujança cultural que caracteriza o Recife como coração de Pernambuco e inspiração perene do Nordeste.

PARTE I

REFLEXÃO CRÍTICA SOBRE O ENSINO DO DIREITO DE FAMÍLIA

CAPÍTULO 1

INTRODUÇÃO

A pesquisa, cujos resultados aqui são apresentados, teve cunho inovador: conhecer, compreender e analisar como se dá, na atualidade, o ensino do Direito de Família no Brasil. Paralelamente, almejou-se traçar um perfil do docente que se debruça sobre o tema e ministra a disciplina do Direito de Família: saber qual sua formação, em quais instituições leciona, qual sua idade, gênero e linha teórica que utiliza na preparação das aulas, dentre outras questões de relevo.

Também se pretendeu fazer um levantamento sobre as ementas e os planos de curso das disciplinas de Direito de Família, saber se os professores utilizam recursos tecnológicos nas salas de aula, se há uma preocupação específica com aspectos voltados para a religião, questões econômicas, vicissitudes regionais etc. Preocupou-se em entender quais as peculiaridades da disciplina em cada faculdade, país afora, qual a bibliografia mais recomendada pelos professores, e qual o grau de satisfação dos docentes em relação aos resultados obtidos por seus alunos.

Outro norte da pesquisa foi visitar alguns Cursos de Direito do Brasil, conhecendo as diferenças e as realidades de cada um, conversando com docentes, assistindo às aulas dos colegas e verificando as bibliografias disponíveis nas bibliotecas físicas e virtuais.

O próprio Instituto Brasileiro de Direito de Família – IBDFAM, já havia iniciado um levantamento, há alguns anos, para reunir dados sobre os professores. Mas, diante das dimensões continentais do país e do grande número de Cursos de Graduação em Direito (mais de mil e duzentos!!), esse desafio precisou ser enfrentado sob uma nova perspectiva, reunindo questões metodológicas rigorosas, aliadas à tecnologia. A força e a presença marcantes do Instituto Brasileiro de Direito de Família – IBDFAM, com sua capilaridade, que se espalha literalmente por todas as unidades federativas da Nação, foi decisiva para alcançarmos um maior número de professores, de todas as regiões, sejam Centro Universitários, de Faculdades, e Universidades, públicas e privadas. Conhecer a diversidade das estruturas de ensino e da forma de pensar o Direito de Família foi o cerne desta pesquisa.

Os resultados foram analisados, compilados e interpretados através da composição desta Monografia de Pós-Doutoramento, que trata especificamente do Ensino do Direito de Família no Brasil. A difusão posterior desse material se dá por meios físicos (impressos) e virtuais, a fim de que a documentação sobre o ensino da matéria, no nosso país, sirva como material de reflexão e de análise pelos próprios docentes, de forma que seja possível contribuir com o aprimoramento da docência do Direito de Família com maiores doses de rigor científico, interdisciplinaridade e profundidade acadêmica.

O mapeamento do Ensino do Direito de Família no Brasil se faz necessário, pois permite elaborar diagnóstico da realidade das instituições de ensino do país, em especial da realidade do corpo docente. Possibilita, de igual modo, identificar o perfil do profissional designado para ministrar a disciplina; se é um profissional atualizado para enfrentar as demandas e os desafios do Direito de Família; se possui ou não atuação acadêmica significativa; se exerce outra atividade além do magistério; se essa atividade se relaciona com sua área de atuação no magistério etc. Enfim, o levantamento/mapeamento propicia uma radiografia da realidade, de modo a extrair as semelhanças e as distinções do ensino da disciplina nas diversas regiões brasileiras e, a partir do resultado, pensar conjuntamente em ações propositivas para o melhoramento do estudo do Direito de Família no Brasil.

Na última parte deste estudo, as atenções estão voltadas para a disciplina de Direito de Família, como ela é pensada, planejada e construída pelos docentes, no país. A liberdade de cátedra é analisada como elemento característico para estruturação das aulas e do contexto geral do componente curricular. São indicadas e revistas as fontes do Direito de Família que precisam ser levadas em consideração pelo docente, assim como as potencialidades e as dificuldades/desafios da matéria, na contemporaneidade.

O conteúdo do Direito de Família é identificado, bem como a sugestão bibliográfica de forma detalhada: bibliografia geral brasileira após a Constituição Federal de 1988, a bibliografia brasileira específica e complementar, indicada por grandes divisões do programa para ensino da disciplina Direito de Família e a bibliografia estrangeira. Identicamente, é apontada sugestão de ementa para a matéria, seu conteúdo programático e o plano de aulas para a disciplina semestral, o cronograma de aulas, aula por aula e as indicações de disciplinas complementares e de aprofundamento do tema.

Foi dado enfoque aos métodos de ensino e de avaliações, através de indicações sugestivas e exemplificativas para construção das aulas e de atividades avaliativas. O mapeamento do Ensino do Direito de Família permitiu identificar o perfil do profissional designado para ministrar a disciplina, tanto quanto propiciou uma radiografia da realidade, de modo a extrair as semelhanças e as distinções do ensino da disciplina. Tal acervo de informações possibilita pensar ações propositivas para o melhoramento do estudo do Direito de Família no Brasil.

Finalmente, uma breve constatação sobre as transformações do ensino à distância do Direito de Família, em decorrência do isolamento social ocasionado pela pandemia do Covid-19. É notório que a pandemia do novo coronavírus impactou profundamente o ensino em todo o mundo. O ensino do Direito de Família, por óbvio, também foi afetado, e os docentes da matéria precisaram se reinventar para seguir trabalhando com a mesma qualidade os temas complexos que o conteúdo comporta. A tecnologia entrou definitivamente na relação ensino-aprendizagem, e esse legado vai permanecer após o retorno das atividades presenciais. O ensino do Direito de Família, portanto, atravessa nova fronteira, que vai requerer sensível esforço adaptativo de docentes e discentes. Mas o conteúdo humanizado, democrático e multicultural da matéria não irá deixar der ser o eixo central desse componente curricular. Presencialmente ou de forma virtual, o ensino do Direito de Família vai continuar sendo, sempre, uma experiência transformadora para alunos e professores.

A pesquisa foi conduzida sob a orientação da Professora Titular Dra. Fabíola Albuquerque Lobo, Professora Permanente do Programa de Pós-Graduação em Direito da UFPE – PPGD/UFPE, e está inserida no contexto acadêmico do Grupo de Pesquisa "Constitucionalização das Relações Privadas – CONREP", no âmbito da Universidade Federal de Pernambuco – UFPE/Faculdade de Direito do Recife. O Instituto Brasileiro de Direito de Família – IBDFAM, através de sua Diretoria Nacional (além da Comissão Nacional de Ensino do Direito de Família e da Comissão Nacional de Assuntos Acadêmicos) abraçou de maneira irrestrita a proposta, desde o início, sendo importante parceiro nessa empreitada, havendo documentação comprobatória dessa parceria.

CAPÍTULO 2

JUSTIFICATIVA PARA ESCOLHA DO DIREITO DE FAMÍLIA

A disciplina de Direito de Família está inserida, formalmente, entre as disciplinas do grupo de Direito Civil, parte integrante das Ciências Jurídicas. Nessa condição, é lecionada no curso de bacharelado em Direito, onde está materialmente incorporada aos conteúdos voltados para o ramo do Direito Privado.

O desenvolvimento profundo do Direito Civil, no Brasil, ao longo das décadas, propiciou que correntes teóricas e interpretativas fossem sendo construídas e solidificadas no meio jurídico nacional. É necessário, antes de tudo, compreender como a disciplina de Direito de Família vem se enquadrando nesses meandros acadêmicos e como os docentes da matéria, no decurso do tempo, foram, progressivamente, se apropriando de tais perspectivas, sobretudo após a entrada em vigor da Constituição Federal de 1988.

Paralelamente, a própria identidade do ramo jurídico do Direito de Família foi sendo transformada, chegando a ser necessária a reafirmação da sua utilidade e aplicação na sociedade pós-moderna, cujos membros vêm se colocando de maneira tão distante das normas codificadas e se aproximando do exercício cada vez mais constante da autonomia individual dos integrantes de cada grupo familiar, fenômeno complexo que alguns autores vêm chamando de "contratualização das relações afetivas".[1]

Como lembrava Jean Carbonnier, no final da década de 1960, mas com os olhos voltados para o porvir, "no futuro, cada família construirá seu próprio Direito de Família".[2]

---

[1] TARTUCE, 2019, p. 34.
[2] CARBONNIER, 1974.

A afirmação do mestre francês, chocante e amedrontadora, nos impulsiona ao necessário exercício de reflexão e crítica sobre o próprio Direito de Família: seus limites, fronteiras, objetos e conteúdo. Desse modo, a escolha que presidiu esta pesquisa teve, no dizer de Jorge Duarte Pinheiro, uma utilidade simbólica, que está longe de ser desprezível: "ilustra a rejeição das hipóteses de desqualificação jurídica do Direito de Família, bem como das tentativas de colocação do mesmo no espaço do Direito Público, ou numa zona híbrida, em que se cruzariam o Direito Público e o Direito Privado".[3]

Parece ser possível afirmar que o Direito de Família brasileiro foi profundamente transformado por certas opções teóricas e metodológicas adotadas, sobretudo, nas últimas duas décadas. Passou-se à concepção de um Direito de Família pouco afeito às normas legisladas, livre de imposições dogmáticas e pouco conectado aos rigores patrimonializantes.

Como se sabe, o caráter pré-jurídico da realidade que engloba o Direito de Família não impede a respectiva regulamentação jurídica. Afinal, os dados extrajurídicos são os pontos de partida do Direito. Por outro lado, o envolvente sentimentalismo da vivência familiar, que no Brasil foi significativamente decantada a partir da Teoria da Afetividade do Direito de Família, também, não subtrai a família da esfera do Direito, porque as exteriorizações de amor, carinho e afeto são, por óbvio, juridicamente relevantes.

Tomadas tais breves premissas, é possível afirmar que é profundo o conjunto de transformações pelas quais vem passando o Direito de Família, no Brasil, após a virada constitucional trazida pela Carta Magna de 1988. Um dos olhares possíveis para tentar compreender essas mudanças é, exatamente, o prisma que se volta sobre o ensino do Direito de Família no Brasil. É nos bancos das Faculdades, dos Centros Universitários e das Universidades, públicas ou privadas, que esse processo de "digestão/interpretação" das mudanças da matéria é apreendido para, em momento posterior, ser reproduzido, por profissionais que estão em constante formação para ocupar os mais diversos cargos no meio jurídico.

Nas lições do Professor Paulo Lôbo, para que o ensino do Direito de Família possa estar atualizado com a realidade desta quadra histórica em que vivemos, faz-se necessária uma mudança de perspectiva, senão, vejamos:

---

[3] PINHEIRO, 2010, p. 17.

O primeiro passo é o abandono do modelo exegético, centrado no Código Civil. Como se procurou destacar acima, o Direito de Família mudou radicalmente, mas o Código permaneceu centrado em um paradigma que já desapareceu. A abordagem deve ser necessariamente crítica, para que se revele o descompasso da lei com a realidade social. Deve-se optar por extrair da Constituição os elementos fundamentais compatíveis com as relações pessoais e familiares que tutela. Em verdade, o Código restou como normas supletivas, no que não contrarie a Constituição e a legislação especial, que desenham um estatuto legal dúctil da família. Mas o ensino da matéria ainda estará incompleto se o seu conteúdo programático não incluir a contribuição de ciências não jurídicas, como a história, a psicologia (ou a psicanálise), a sociologia, a demografia (imprescindíveis são as pesquisas por amostragem de domicílio, que anualmente o IBGE promove) e a bioética.[4]

Diante de tais considerações, fazia-se necessário questionar: o ensino do Direito de Família está equilibrado entre o conservadorismo/rigidez do Código Civil e a tendência individualista da sociedade contemporânea? E como se ensina o Direito de Família no Brasil? Quem são seus professores? Qual a bibliografia mínima recomendada? Como se constrói a ementa das disciplinas? Quais os valores são levados em consideração para a formatação do conteúdo da matéria? Como essa elaboração dos temas da matéria se efetiva em um país, como o Brasil, de dimensões continentais, e cujo número de Cursos de Graduação em Direito supera a marca surpreendente de 1.200 (mil e duzentos)? Realizar tal mapeamento foi o fundamento e cerne desta pesquisa, a fim de oferecer à comunidade acadêmica parâmetros para reflexão e aprimoramento do ensino do Direito de Família no Brasil.

---

4   LÔBO, 1999.

CAPÍTULO 3

METODOLOGIA

Para atingir os objetivos que, de início, haviam sido pretendidos, alguns caminhos demonstraram ser mais producentes. O primeiro deles foi a pesquisa e análise bibliográfica em concernência com o tema a explorado, concentrada em textos sobre o ensino jurídico clássico e moderno, sobre o ensino do Direito de Família e por uma leitura interdisciplinar com a Pedagogia.

Foi indispensável, também, a visita a sítios eletrônicos, nacionais e internacionais, repositórios de pesquisas acadêmicas relacionadas ao assunto, bibliotecas físicas e virtuais, além da busca por informações eletrônicas em arquivos de Universidades, Centros Universitários, Faculdades etc., sempre na tentativa de localizar ementas, planos de curso, bibliografias mínimas e complementares recomendadas, ou novos materiais que tenham contribuído para averiguar o problema proposto para estudo.

Fonte fundamental para o desenvolvimento da pesquisa foi a aplicação de questionário, elaborado mediante formulário virtual, aos professores de Direito de Família, sejam especialistas na área familiarista, sejam de outras áreas, mas que se dedicam ao tema nas mais variadas regiões do país. A divulgação desta pesquisa contou com auxílio ímpar e decisivo do Instituto Brasileiro de Direito de Família – IBDFAM, que, em parceria com o Programa de Pós-Graduação em Direito da Universidade Federal de Pernambuco – PPDG/UFPE, encamparam esse mapeamento dos docentes em Direito de Família no país.

A pesquisa ficou hospedada no Portal Nacional do IBDFAM na Internet, por pouco mais de 03 (três) meses, entre 14 de março de 2019 até 18 de junho de 2019, tendo sido respondida por 120 (cento e vinte) professores de diversos Cursos de Direito do Brasil, tendo sido alcançadas todas as regiões (Norte, Sul, Centro-Oeste, Nordeste,

Sudeste), bem como todos os Estados da Federação, além do Distrito Federal. A lista de todas as instituições envolvidas na pesquisa segue, em apêndice, no final deste trabalho.

Foi, identicamente, objeto de análise o perfil dos professores, seus métodos de ensino, suas expectativas e *feedbacks* educacionais, em conjunto ainda com acompanhamento de aulas da matéria. Tudo isso se ateve à tentativa de aprofundar a análise dos objetivos centrais do tema, por meio de uma sincronia entre leitura e experiência prática. Tal procedimento consistiu em ler e interpretar cuidadosamente os dados levantados, de maneira exploratória sobre as motivações do grupo avaliado e que pudessem indicar o caminho para tomada de decisões corretas sobre as questões levantadas.

Evidentemente, não se tratou de esgotar todas as possibilidades de compreensão e de interpretação da realidade factual a respeito do tema proposto, mas criar um satisfatório instrumento teórico analítico, sobretudo em face enormidade de Cursos de Direito no Brasil.

Para alcançar a resposta aos problemas, optou-se por uma metodologia dialética e fenomenológica, em pesquisa qualitativa e de abordagem exploratória, que visou articular aspectos teóricos com a análise de dados pertinentes ao objeto em estudo, a serem obtidos nesse processo. Lado outro, foram também catalogados, para fins de indicação em termos médios e comparativos, o "Plano de Disciplina Semestral de Direito de Família", popularmente conhecido como "Plano de Ensino" ou "Plano de Curso", indicando como se constroem e se escalonam os conteúdos das matérias de Direito de Família nos Cursos de Graduação em Direito do país.

Cumpre lembrar que, mesmo de modo indireto, foram destacadas, nessa pesquisa, as alterações e transformações pelas quais passa a família no país, suas mudanças, tendências e atos de renovação. Compreender como tais mudanças impactam no conteúdo da disciplina Direito de Família é fundamental para um panorama atual da matéria. Notadamente, os critérios, ciclos temporais e forma pela qual os docentes atualizam seus Planos de Curso estão intrinsecamente relacionados a essa análise.

O outro elemento levado em consideração foi a interdisciplinaridade, um dos aspectos centrais do Direito de Família contemporâneo, e que agrega saberes de áreas distintas, correlatas das Ciências Jurídicas. Verificar se a interdisciplinaridade faz parte da rotina do ensino do Direito de Família no país e como tal interação auxilia na construção do panorama do Ensino do Direito de Família. A pesquisa bibliográfica e documental abrangeu obras de Direito, mas também de ciências afins, necessárias para uma melhor compreensão do complexo fenômeno das relações de família. Assim, foram empreendidas consultas em trabalhos de Filosofia, de Sociologia, de História, de Psicologia, dentre outros.

Finalmente, como uma das diretivas da transversalização de conteúdos para os Cursos de Ensino do Direito no país, foram identificadas as conexões entre a teoria e a prática do Direito de Família, bem como qual o grau de interlocução entre os conteúdos teóricos desenvolvidos e sua aplicação nos Núcleos de Prática Jurídica e nos Escritórios Modelo país afora.

A opção da utilização expressa de citações doutrinárias e de exemplos jurisprudenciais foi restrita, cingindo-se apenas aos casos de maior realce e importância. A perspectiva escolhida foi, desde o início, a de traçar um panorama sobre a contemporaneidade do ensino do Direito de Família no Brasil.

CAPÍTULO 4

PERSPECTIVAS E ESTRATÉGIAS DE GESTÃO, ACADÊMICAS E DE ENSINO DO DIREITO DE FAMÍLIA

A proposta de crítica e reflexão sobre as perspectivas, estratégias de gestão, e técnicas acadêmicas acerca do tema "ensino do Direito de Família" pode ser implementada com o objetivo de encaminhar a disciplina para um contexto consentâneo com os tempos atuais.

A situação do Ensino Superior na área do Direito no país é crítica: 1.172 (mil cento e setenta e dois) cursos, 853.211,00 (oitocentos e cinquenta e três mil, duzentas e onze) matrículas efetuadas, 69 (sessenta e nove) cursos federais, 62 (sessenta e dois) cursos estaduais, 1003 (mil e três) cursos da rede privada e 01 (um) curso EAD. Nesse universo, existe um volume enorme de realidades dissonantes que precisam de um movimento reflexivo sobre a situação concreta do que se ensina nos componentes curriculares de Direito de Família e, principalmente, de como se ensina Direito de Família no Brasil. Some-se a isso a existência das distinções regionais, das peculiaridades de cada curso e das contingências e demandas socioeconômicas.

Estima-se que cerca de um milhão de pessoas, no país, estão envolvidas, direta e indiretamente, ao ensino de Direito, aí incluídos professores, alunos, gestores, técnicos etc. A divisão do "mercado brasileiro" entre universidades públicas, entidades particulares e grandes conglomerados econômicos (representados pelas Empresas S.A.) é sintomático do anseio de repensar a formação docente e o próprio ensino jurídico.

A discussão estabelecida e difundida sobre o papel do professor e do discente no contexto do ensino do Direito de Família é impactante para a renovação do pensamento construído sobre a matéria, seja em faculdades públicas ou privadas de todo o país. Trata-se de verdadeiro encontro entre Educação e Direito.[5] O Desafio da Educação no meio jurídico é o de fazer refletir, também nos Cursos de Direito, as mesmas linhas de mudança que são perceptíveis em outros campos do conhecimento.[6]

A reestruturação metodológica que o Direito de Família contemporâneo exige é total. Estabelecer correlação entre a prática docente e o ensino do Direito é imperioso para dar contornos reais e palpáveis ao conteúdo transmitido em sala de aula, apreendido pelo aluno e levado à realidade prática.

A tendência é cada vez maior da participação dos alunos ao longo das aulas, em pleno processo e interação acadêmica. Refletir sobre qual Direito de Família está sendo ensinado no país, e como está sendo ensinado, é necessário. O redimensionamento do Direito de Família no âmbito dos Cursos de Direito, nos quatro cantos do país, sobretudo aqueles espaços mais tradicionais, reforça a autonomia dos professores e a tão decantada "liberdade de cátedra".[7]

A Faculdade de Direito moderna deve ser uma escola comprometida com práticas inovadoras, tanto para o ensino, ao utilizar métodos participativos, quanto na pesquisa, ao conduzir estudos empíricos e interdisciplinares, sempre com o objetivo de fortalecer instituições brasileiras e melhorar o ambiente regulatório a partir do interesse público e do desenvolvimento do país.

---

[5] "É momento de se indagar: e o Direito, como tem visto e como tem contribuído para a Educação? Certamente um constitucionalista responderá direta e muito prontamente, que a educação é um direito de todos e dever do Estado e da família. E mais, a deucação é um direito público subjetivo. A educação como faculdade atribuída ao indivíduo, não há dúvida de que é um direito social" (BOAVENTURA, 2008, p. 301).

[6] "As transformações no âmbito da educação são pouco perceptíveis porque a educação é um processo lento, um fenômeno social rico e complexo que envolve todos os agentes sociais e não apenas os agentes governamentais ou públicos. Envolve famílias, envolve professores, a comunidade escolar e envolve o Estado, como aquele que tem o dever de oferecer educação pública de qualidade. È um fenômeno extremamente complexo, é um fenômeno social que tem muitas facetas e que o estudo comparativo com outros países demonstra como excepcional os processos de aceleração do processo educativo" (HADDAD, 2008, p. 424).

[7] "Em sua discussão sobre o ensino jurídico, a Escola de Direito de São Paulo da Fundação Getulio Vargas (DIREITO GV) tem dado especial atenção às metodologias de ensino participativo, nas quais o aluno é o protagonista do seu próprio conhecimento. Não se trata de uma simples mudança de paradigma frente ao ensino jurídico tradicional', maciçamente presente nas salas de aula das faculdades de Direito do país, mas de uma proposta revolucionária que questiona o papel habitualmente atribuído ao discente de mero espectador, e o coloca como agente do aprendizado" (GHIRARDI; FEFERBAUM, 2013, p. 13).

A principal peculiaridade e meta da docência contemporânea de Direito de Família é romper com o método tradicional de ensino jurídico, no qual o aluno é mero expectador à espera de informação, ao adotar uma metodologia participativa que transforma o estudante em protagonista de seu próprio aprendizado. O estímulo à participação ativa do aluno no processo de ensino da disciplina por meio de técnicas inovadoras como simulações e jogos desenvolve habilidades como o raciocínio, o senso crítico apurado e uma forte noção de aplicação adequada do conhecimento.[8]

Ao longo da Graduação, de um modo geral, o panorama ideal seria que os alunos tomassem parte em projetos interdisciplinares e participassem de clínicas jurídicas dedicadas a áreas diversas, cujo foco é a aproximação entre teoria e prática, em laboratórios temáticos. O acompanhamento dos debates sobre novas tecnologias e ensino, bem como os impactos das novas tecnologias da informação, *big data* e inteligência artificial sobre a realidade jurídica em geral, também se encontram no cerne das preocupações e atividades da escola.

A preocupação constante em preparar e encaminhar o aluno para o mercado de trabalho, através de uma rigorosa preparação teórica e prática, é uma das mais interessantes características do Curso de Direito na contemporaneidade. Toda essa gama transformadora deve ser canalizada, também, para o Direito de Família.

A par do que foi exposto até aqui e em consonância com as perspectivas de diálogo entre experiências inovadoras e bem sucedidas, apresentamos sugestões de melhorias, ampliação, reestruturação, desenvolvimento e aprofundamento em práticas pedagógicas e diretrizes de conduta para transformar o ensino do Direito de Família no Brasil, seja em um polo de ensino jurídico de destaque no país ou em uma pequena faculdade de Direito no interior, quais sejam:

a) Definir, de maneira técnica, equilibrada e consistente, quais os perfis e as prioridades do componente curricular "Direito de Família", estabelecendo diretrizes entre a teoria e a prática, para a construção de uma disciplina mais voltada para questões dogmáticas ou direcionada para a formação de profissionais para o mercado, escritórios de advocacia e consultoria jurídica;

b) Flexibilização da grade curricular, sobretudo nas disciplinas de Direito Civil. A mudança na estrutura da grade curricular

---

[8] GHIRARDI; FEFERBAUM, 2013, p. 12.

é essencial para a formatação de um Curso de Direito progressista, alinhando com as novas tendências e exigências de um mundo cada vez mais globalizado. A grade curricular deve estabelecer, de maneira muito clara, quais as premissas que devem ser adotadas e qual a opção do Curso em face dos seus alunos: um curso mais teórico, um curso mais prático, um curso eclético etc. O componente curricular "Direito de Família" deve espelhar essa tendência do próprio curso. Tal opção necessita estar bem demonstrada e orientar os alunos para a consecução dos objetivos estabelecidos em conjunto com o corpo docente. Através da flexibilização é possível construir, por exemplo, disciplinas mais voltadas para a análise detida das complexas questões que envolvem a matéria, estudo da jurisprudência e de assuntos interdisciplinares que concentram informações sobre família e Direito de Família;

c) Implementação de metodologias participativas dos alunos (protagonismo dos discentes). A mudança de postura dos docentes de Direito de Família é fundamental para a modernização das práticas de ensino no componente curricular. Superar o tradicionalismo e deixar de lado aulas quase que totalmente expositivas é um desafio, e exige, do professor, estar a par das discussões inovadoras e das tecnologias disponíveis para serem utilizadas no dia a dia da atividade docente. Tal mudança de postura implicará, igualmente, em uma radical modificação da relação ensino aprendizagem do Direito de Família e, por conseguinte, também nos seus resultados;

d) Ampliação do tempo de permanência do alunado em disciplinas direta ou indiretamente relacionadas ao Direito de Família, que também perpassa pela já mencionada flexibilização da grade curricular;

e) Reciclagem metodológica dos professores de Direito de Família. Esse é um dos pontos mais importantes: traduzir as metodologias de ensino e aprendizagem para o ambiente tradicionalmente árido e pouco afeito a mudanças do meio jurídico. Parte-se da premissa de reconhecimento, por parte dos professores, de que é preciso repensar as práticas metodológicas e fugir do dogmatismo tradicional. O velho modelo português (ainda em vigor na maior parte das faculdades de Direito do país, com aulas expositivas clássicas, retóricas e argumentativas) coloca a centralidade do ensino do Direito de Família nas mãos dos professores, e subjugam a capacidade dos alunos. Entregar essas atribuições completamente aos alunos também não é uma saída razoável, vez que os professores não podem deixar de lado suas atribuições acadêmicas em prol de um "diletantismo" metodológico. Talvez o grande desafio seja encontrar um meio-termo, uma etapa intermediária que possibilite a transferência de conhecimento sobre a matéria, a motivação e o desenvolvimento dos alunos por parte da atuação dos professores, mas também ocorra uma contraprestação por parte dos discentes, enquanto agentes diretos e participativos do processo de ensino;

f) Aproximação do ensino do Direito de Família da realidade social, política, econômica do país. A inserção social e a compreensão das diferenças socioeconômicas e seus impactos nas famílias é decisivo para o exercício de alteridade que deve ser realizado. A disciplina de Direito de Família talvez seja aquela que, de forma mais concreta, permite tal diálogo. Os Núcleos de Prática Jurídica das Universidades têm papel essencial nesse sentido, haja vista a conexão entre a comunidade universitária com as classes sociais mais vulneráveis;

g) Criação de um quadro cada vez mais sólido de professores com formação específica no Direito de Família, incluindo suas convergências com o Direito Civil de modo geral. A realização de contratação específica de docentes, voltada para essa área, naturalmente, propicia a construção núcleos especializados para as relações de ensino-aprendizagem na matéria;

h) Ampliar as relações institucionais entre o Curso de Direito, através do seu Departamento, com outras instituições públicas e privadas. Daí a importância da criação de Centros de Direito de Família. Estimular o intercâmbio acadêmico entre alunos do Curso de Direito e alunos de outros cursos de Graduação com áreas correlatas;

i) Desenvolver, formalmente, os projetos de pesquisa, de maneira que sejam produzidos trabalhos na área de Direito de Família, com rigor científico e qualidade técnica. Tais pesquisas devem ser periódicas ou pontuais, mas com precisão no que diz respeito ao temário adotado e adequação às linhas de pesquisa instituídas para incentivar o estudo, capacitação, investigação jurídica e divulgação de resultados no âmbito da comunidade acadêmica;

j) Fortalecer a Pós-Graduação em Direito de Família. Um curso de Pós-Graduação de nosso tempo deve agregar elementos que o permitam transitar entre os conhecimentos de natureza mais teórica e a docência. E, primordialmente, elementos de jaez prático, de modo a transferir aptidão para o desempenho profissional destacada em área singular do saber jurídico. A especialização *lato sensu* em Direito de Família remete, portanto, à sedimentação de conhecimentos parciais, mas aprofundados, fazendo-o com a finalidade precípua de formar profissionais capazes de enfrentar os desafios gerais do Direito e, acima de tudo, de conhecer melhor a sua área e profissão.

k) Reestruturação da biblioteca dos Cursos de Direito. A produção bibliográfica do Direito de Família é, provavelmente, a maior do país, em quantidade e qualidade, desde a mudança significativa de paradigmas implementados na matéria após a entrada em vigor da Constituição Federal de 1988. Acompanhar tal produção, inclusive, vem sendo um constante desafio para os profissionais da área familiarista e para os docentes do componente curricular. Além da necessidade de atualização das edições dos livros na biblioteca de cada Curso de Direito, é forçoso adequar o acervo aos livros digitais, cada vez mais comuns e disponíveis em plataformas *on-line*, 24 horas por dia, todos os dias do ano. A facilitação do acesso aos livros e a disponibilidade de material atualizado (ao lado de bibliografia de pesquisa) é que fundamenta uma ampla possibilidade de leitura, aprofundamento e diálogo bibliográfico sobre o Direito de Família;

l) Criação de Centros de Direito de Família. Os Centros de Direito de Família são constituídos a partir da autorização do Colegiado de Curso de Direito, bem como das demais instâncias acadêmicas e administrativas pertinentes. Funcionam como órgão interno, sem fins lucrativos, submetido à Coordenação do Curso de Direito, que tem por objetivo reunir docentes e discentes, bem como pesquisadores e investigadores de outras instituições públicas ou privadas, dedicados ao estudo, promoção e ao desenvolvimento do Direito da Família. O Centro de Direito de Família terá como objetivos principais congregar professores, acadêmicos da Graduação e da Pós-Graduação, magistrados, representantes do Ministério Público, advogados e demais operadores do Direito em torno de pesquisas, cursos, publicações, ações de extensão, atividades abertas ao público em geral, capacitações e, sobretudo, atividades de ordem acadêmica e científica no âmbito Instituição de Ensino, sempre sob o tema do Direito de Família. São atividades específicas do Centro de Direito de Direito de Família: – Realização de Cursos de Extensão sobre a matéria; – Realização de Cursos Breves para formação ou atualização em Direito de Família e Sucessões; – Criação de grupos de pesquisa próprios, no âmbito dos editais de cada Instituição de Ensino Superior; – Estabelecer critérios para monitoria de Direito de Família na Graduação em Direito; – Estabelecer relações de interdisciplinaridade com outros cursos e áreas do conhecimento; – Realizar publicações próprias, fruto dos trabalhos produzidos no âmbito do Centro de Direito de Família de cada Instituição de Ensino Superior; – Intensificar as atividades de Pós-Graduação, estabelecendo diálogo entre os diferentes níveis de formação para profissionais da matéria; – Realizar eventos de pequeno, médio e grande porte sobre o tema Direito de Família.

m) Vinculação entre a sala de aula (academia) e as Varas de Família (Poder Judiciário). As Varas de Família exercem uma função primordial no exercício jurisdicional em todo o país. A sala de aula, nos cursos de Direito, não pode estar afastada desta realidade. A complexidade das demandas familiares que, por natureza, envolvem questões afetivas, patrimoniais e protetivas, constituem alguns dos maiores números de processos atualmente em tramitação no país. Estimativas do Conselho Nacional de Justiça – CNJ apontam que 7% (sete por cento) de todas as demandas judiciais do país dizem respeito ao tema do Direito de Família, o que não é pouco, se levados em consideração um número total já superava os 80.000.000 (oitenta milhões) de processos em 2017.[9]

---

[9] RICHTER, 2018.

CAPÍTULO 5

TRANSFORMAÇÕES DO DIREITO DE FAMÍLIA BRASILEIRO APÓS A CONSTITUIÇÃO FEDERAL DE 1988 E A NECESSÁRIA ADAPTAÇÃO DO ENSINO DA MATÉRIA

A necessidade de constantemente revisitar temas de Direito Civil é uma regra para o estudioso da área. No Direito de Família, de modo ainda mais intenso, essa atitude é imposta através de uma postura de permanente inovação, a fim de compreender e dar o tratamento jurídico adequado às mudanças da sociedade.

Leciona o professor português António de Menezes Cordeiro sobre a consciência de que períodos de crises das instituições – sociais e jurídicas – são cíclicos, acompanhadas de fases de retomadas e de grandes modernizações.[10] Tal consciência obriga à humildade no trato com os temas acadêmicos, assim como nos impõe, também, o acompanhamento de profundas alterações sociopolíticas e econômicas, que, de maneira enfática, conduzem à necessidade de modernização de conceitos e institutos.

Como bem demonstra a doutrina espanhola, o Direito de Família vem experimentando, desde a década de 1970 até os nossos dias, uma considerável mutação em seu conjunto teórico e também na sua aplicação prática, sem que haja indícios de que esse fenômeno tenha se estabilizado definitivamente.[11] Esse, provavelmente, é o elemento de

---

[10] CORDEIRO, 2004.

[11] "Family Law has undergone significant changes in the las few decades. These changes have affected not only marginal issues, but also the very heart of Family Law: marriage, filiation-relationship and parenting. On the other hand, these changes are not any legal: the social

transição do chamado "Direito de Família tradicional" para "Direito de Família Contemporâneo".[12]

Essa transformação se caracteriza tanto pela velocidade com que tem sido produzida, como também pela intensidade e extensão dos seus fundamentos. Em suma, podemos afirmar que se observou uma mudança radical.[13]

Como recorda Carlos Martinez de Aguirre, para um jurista de cem, ou mesmo 50 anos atrás, nosso moderno Direito de Família resultar-lhe-ia, provavelmente, irreconhecível por completo, seja em alguns de seus conteúdos mais técnicos, seja nos seus princípios inspiradores, seja em sua estrutura fundamental.[14]

Identicamente, para esse mesmo jurista, restar-lhe-ia tanto mais irreconhecível a percepção social que se tem de três aspectos fundamentais: do matrimônio, da família, e das relações entre os sexos, ou seja, da representação que se faz, no corpo social e na opinião pública, dessas três realidades.[15]

---

conception about marriage and family and the social configuration of family relationships Have also changed. To sum up, families have changed, the ideias about family and family relationship have changed, public policies relating family changed, and laws concerning families have changed too" (AGUIRRE. *The evolution of family Law: changing the rules or changing the game*).

[12] Em cada país, essa passagem tem ocorrido em momentos diversos, e sob características peculiares. Em Portugal, por exemplo, toma-se como marco a Revolução de 25 de abril de 1974, atingindo seu auge com a Reforma do Código Civil, aprovada pelo DL nº 496, de 25 de novembro de 1977 que consagrou, dentre outras mudanças, o princípio da igualdade entre marido e mulher e pôs fim à discriminação dos filhos nascidos fora do casamento. Na Argentina, tal mudança teve como marco a reforma da Constituição da nação Argentina de 1994. No Brasil, essa etapa evolutiva de conteúdo revolucionário para o Direito de Família ocorreu com a promulgação da Constituição Federal de 1988, que instalou um renovado marco regulatório para as relações civis, sobretudo as jusfamiliares. Da Carta Federal de 1988, o Direito de Família brasileiro recebeu impulso significativo, com destaque para a construção de toda a principiologia familiar, centrada na dignidade humana dos membros da família.

[13] "El Derecho de Familia pareció constituir, tiempo atrás, una rama algo descuidada entre las varias del Derecho Civil. La bibliografía mundial sobre ella era en el siglo XIX inferior a la que la Codificación suscitó en materia de derechos reales, obligaciones y sucesiones. Los códigos occidentales, sensibles a la influencia del napoleónico, no incitaban a mayor reflexión sobre temas familiares. A lo largo del siglo XX, sin embargo, las reformas legislativas – generadas por los cambios sociales – impulsaron los estudios sobre el Derecho de Familia, que cuenta en estos albores del siglo XXI con una bibliografía extensa" (VÁZQUEZ, 2006).

[14] AGUIRRE, 1996.

[15] AGUIRRE, 1996.

No entender de Luiz Edson Fachin, a complexidade que se abateu sobre as relações jurídicas não mais dá espaço para o confronto racional das respostas simples e acabadas.[16]

Por essas razões, sobretudo na experiência brasileira desde a promulgação da Constituição Federal de 1988, vem sendo construído um renovado Direito de Família. Tal renovação exige, por conseguinte, a remodelação do ensino do Direito de Família, em todo o país. A mudança paradigmática pela qual vem passando o Direito de Família brasileiro requer do professor a reflexão crítica para elaboração de disciplina letiva capaz de dar vazão a todo o conjunto de transformações profundas pelas quais o conteúdo vem atravessando.

Os principais elementos transformadores têm sido os seguintes: as mudanças nas funções socioeconômicas da família; os avanços na tecnologia reprodutiva, possibilitando redimensionar o planejamento parental; a inclusão da mulher no mundo do trabalho; e, provavelmente, o mais importante de todos: fatores filosóficos e ideológicos que influenciaram decisivamente a evolução das ideias sobre casamento e família nas últimas décadas.[17] Tais variáveis implicaram a migração de uma organização de família institucional para uma família contratual.

Paralelamente, do ponto de vista hermenêutico, impende afirmar que o Brasil trilhou um caminho bastante particular no que diz respeito aos aportes teóricos que servem de sustentáculo para tantas

---

[16] "O contexto está mais para interrogações que para respostas, embora cada questão contenha, em si mesmo, o gérmen de sua própria redarguição. Os fatos continuam a surpreender o Direito" (FACHIN, 1995).

[17] "A evolução do tratamento jurídico das famílias revela movimento pendular entre dois valores caros ao atual sistema jurídico. Em primeiro lugar, a necessidade de se assegurar a liberdade nas escolhas existenciais que, na intimidade do recesso familiar, possa propiciar o desenvolvimento pleno da personalidade de seus integrantes. Esse o propósito do artigo 1.513 do Código Civil: 'É defeso a qualquer pessoa, de direito público ou privado, interferir na comunhão de vida instituída pela família'. Por outro lado, a tutela das vulnerabilidades e das assimetrias econômicas e informativas, para que a comunhão plena de vida se estabeleça em ambiente de igualdade de direitos e deveres (artigo 1.511, Código Civil, *ex vi* do artigo 226, §5º, da Constituição), com o efetivo respeito da liberdade individual. Tendo-se presentes esses dois vetores, e diante das intensas modifica-ções ocorridas nas últimas décadas na estrutura das entidades familiares, torna-se indispensável a reformulação dos critérios interpretativos, a despeito da resiliência, de alguns setores da doutrina e da magistratura, de admitir a incompatibilidade entre antigos dogmas de cunho religioso e político com tão radicais transformações — fenomenológica, percebida na sociedade ocidental, e axiológica, promovida pela legalidade constitucional. [...] Assim sendo, a família deixa de ter valor intrínseco, como instituição capaz de merecer tutela jurídica pelo simples fato de existir, passando a ser valorada de maneira instrumental, tutelada na medida em que — e somente na exata medida em que — se constitua em um núcleo intermediário de autonomia existencial e de desenvolvimento da personalidade dos filhos, com a promoção isonômica e democrática da dignidade de seus integrantes" (TEPEDINO, 2016).

transformações. Uma espécie de caleidoscópio teórico foi formado a partir da reunião de várias ferramentas argumentativas, e possibilitou a vazão das necessidades transformativas do Direito de Família.

Dentre tais elementos, temos: a construção de uma robusta principiologia do Direito de Família; ampla aceitação de uma metodologia interpretativa constitucionalizante; franco processo de relativismo das relações de família; subjetivação das questões atinentes ao Direito de Família e a supervalorização da "teoria da afetividade" no ambiente jurídico brasileiro.

A diminuição (que em muitos casos significou "perda") do parâmetro legislativo codificado, em termos de Direito de Família, na experiência brasileira, possibilitou a crescente atuação intervencionista do judiciário nas relações de família, procurando dar solução a problemas que sequer foram cogitados no Livro de Direito de Família do Código Civil.

Neste contexto, a vontade individual é apresentada como a "única" fonte possível de obrigações jurídicas relevantes. E esse individualismo alicerça a discussão sobre temas considerados tão polêmicos hoje no Direito de Família brasileiro: os trios afetivos, as gestações de substituição por contratos, as consequências jurídicas da multiparentalidade, o rompimento da fidelidade como regra, a mutabilidade da orientação sexual, a filiação virtual, a problemática das questões de gênero e o poliamorismo, apenas para ficar em alguns breves exemplos.

Resguardadas as devidas ponderações teóricas, parece plausível afirmar que o Direito de Família brasileiro tem se direcionado para um conteúdo jurisprudencializado, aproximando-se, no que é possível, do sistema da *common law*. Alguns autores têm chamado isso de "força dos precedentes".[18] Mais correto, provavelmente, seria chamar de crise do Direito de Família codificado.

Cingida aos ditames dos Direitos Humanos, a formação jurídica da família atual passou a dar espaço a construções e estruturações inovadoras, distintas das tradicionais modalidades de organização familiar recebidas por herança do velho direito canônico. Talvez tenha chegado o momento, como pregava de maneira visionária San Tiago Dantas, da universalidade dos conceitos jurídicos, conduzindo, necessariamente, a um critério de interdisciplinaridade.[19]

---

[18] FARIAS, 2011.
[19] DANTAS, 1991.

Emerge, então, o tenso dilema que se apresenta diariamente ao estudioso da área, qual seja: a busca do ponto de equilíbrio entre o pluralismo das relações familiares, o relativismo dos institutos jurídicos e o respeito à vontade individual das partes.[20]

A subjetivação extrema dos problemas emanados dos conflitos familiares tem produzido entendimentos cada vez mais casualistas. É possível recolher exemplos jurisprudenciais com plataformas idênticas e resoluções contraditórias. Em alguns casos, são aplicadas as mesmas regras, mas se chega a resultados diferentes, gerando certa insegurança jurídica.

É preciso então refletir, mais uma vez, como recomenda Jean Carbonnier, qual o lugar do Direito e o do não Direito nas relações de família, no sentido de que cada família tem seu próprio Direito de Família.[21]

O campo do Direito de Família, como campo de produção de saber, está recortado por relações de poder que incidem sobre o discurso jurídico. Ele é a positivação de um ambiente do pensamento no qual as famílias se articulam sem, no entanto, se reduzirem a tanto. Ele é o produto de uma determinada época, de um determinado grupo social organizado. E é exatamente este lugar, do campo do Direito de Família, que deve ser questionado constantemente pelo docente que se dedica ao tema.

A operação de análise jurídica deve constituir, também, desta volta crítica sobre si mesma. A doutrina atual não faz este questionamento do lugar de produção do saber jurídico. Os juristas que trabalham com essa perspectiva e analisam o Direito de Família exclusivamente como mecanismo de disposição e cumprimento de leis, reproduzem uma subordinação no campo acadêmico que impede a produção continuada de um novo pensamento civilístico, fundado na renovação das fontes e das bases estruturais do conhecimento.

Emprestar uma textura renovadora ao pensamento jurídico do Direito de Família implica buscar alternativas a uma hierarquia de saberes que durante décadas não possibilitou um olhar mais completo sobre o fenômeno jurídico, aí incluídas as questões periféricas que são,

---

[20] Destaca-se, então, a necessidade do reconhecimento da ideia de igualdade que supõe, neste caso, uma certa proporcionalidade na aplicação das normas e um resultado previsível para as partes. Surge, assim, o problema da generalidade da lei, como elemento normatizador da vida social, seja na sua dimensão estática quanto na sua dimensão prospectiva (expectativa de soluções jurídicas "seguras" e previsíveis).

[21] CARBONNIER, 1974.

na atualidade, tão importantes para a compreensão desse fenômeno. A atitude dinâmica do professor de Direito de Família, nesta quadra histórica, deve estar à altura do seu objeto,[22] ou seja, de uma área em constante e profunda mutação.

---

[22] Nesse sentido: PINHEIRO, 2007, p. 16.

CAPÍTULO 6

A RENOVAÇÃO NO ENSINO DO DIREITO DE FAMÍLIA

De início, cabe recordar que, até bem pouco tempo atrás, os métodos tradicionais de ensino jurídico não sofriam contestação. Os cursos eram predominantemente teóricos, baseando-se em preleções que expunham a matéria, cobrindo-a inteiramente. O estudo fazia-se basicamente por meio de apostilas usadas ao lado de alguns textos. As provas, escritas e orais, consistiam predominantemente na dissertação sobre temas expostos em classe.[23]

Sobre o tema, registrou Ada Pellegrini Grinover:

> A limitação dos cursos universitários lavava às faculdades de direito não apenas estudantes interessados nas carreiras jurídicas, como também outros, que desejavam atingir grau de bacharel, com vistas a finalidades diversas (carreira política, cultura geral, prestígio pessoal etc.). Tal limitação do ensino e da própria concepção do bacharel em Direito, por óbvio, foi sendo paulatinamente superada na realidade jurídica brasileira.[24]

As renovadas técnicas e metodologias de ensino, aos poucos, foram ganhando também os espaços tradicionais das Faculdades de Direito, renovando a forma de ensino, e reconfigurando a postura crítica dos alunos. Paralelamente, novas atribuições foram dirigidas aos discentes, ampliação do tempo dedicado aos estudos, mais esforço para cumprimento satisfatório das atividades que lhes são requeridas.

---

[23] GRINOVER, 1977, p. 227.

[24] "As rápidas transformações sociais, em um país em desenvolvimento, não mais admitem a figura do advogado, limitado ao estreito círculo de atividades meramente técnicas" (GRINOVER, 1977, p. 227).

Do ponto de vista institucional, importantes mudanças também foram necessárias, como a ampliação do número de salas de aula, renovação das bibliotecas, aquisição de computadores, equipamentos de interface tecnológica e contratação de mais professores, sobretudo com o desenvolvimento da categoria de profissionais totalmente dedicada ao ensino, ou com uma carga-horária de dedicação mais ampla à sala de aula.

A mudança na concepção do profissional de direito também foi decisiva para esse processo de mudanças. Anteriormente, a formação do jurista estava voltada, sobretudo, para a advocacia. Atualmente, esta carreira disputa espaço e interesse com diversas alternativas profissionais para os bacharéis em Direito. Seja na advocacia, no concurso público para carreiras específicas, ou em qualquer outra área profissional, a necessidade de especialização dos profissionais do Direito é uma tendência que vem se firmando e fortalecendo no cenário nacional desde o final da década de 1970 até os dias atuais.

Tal percurso impõe as exigências modernas no sentido de repensar a prática profissional nas faculdades, mudança no perfil dos docentes, bem como nas transformações curriculares que favoreçam o enfoque nas áreas de maior interesse do aluno. Aqui temos, claramente, a realidade do ensino de disciplinas como o Direito de Família, que demandam docentes cada vez mais especializados na matéria, que estejam aptos à dimensão e complexidade contemporânea do Direito de Família. Mas não é só: importa que haja bibliotecas especializadas, com livros físicos e/ou virtuais, um currículo conectado com sua grade de disciplinas, canalizadas de forma a atender os interesses didáticos e profissionais dos alunos e, principalmente, uma grade flexível, onde a matéria de Direito de Família possa ser protagonista do ensino para aqueles alunos que assim escolherem.

CAPÍTULO 7

REFLEXÃO CRÍTICA SOBRE O ENSINO DO DIREITO DE FAMÍLIA

Diferentemente de Portugal, país que cultiva a tradição da reflexão sobre o ensino de disciplinas jurídicas, muitas vezes através de produção intelectual e textual para fins de concursos públicos para assumir a cátedra de determinada disciplina, no Brasil as reflexões bibliográficas específicas sobre o ensino do Direito de Família são raras, registradas através de artigos científicos ou de palestras proferidas sobre a temática.

Não existe livro específico, no Direito Brasileiro, que se debruce exclusivamente sobre o tema proposto, ao contrário da tradição europeia de construção catedrática da disciplina através de relatórios sobre o programa, conteúdo e métodos de ensino da disciplina Direito de Família, sobretudo para fins de concurso para professores associados e catedráticos, que representam, naquele país, alguns dos mais altos níveis da docência universitária. O fato é que, na experiência portuguesa, tais certames para cargos de expressão na carreira de professor universitário se caracteriza pela oportunidade de revisitar os modos de ensinar determinada disciplina, estimulando a melhoria do ensino de forma geral. É interessante, nesse sentido, as palavras de Jorge Duarte Pinheiro sobre a questão:

> Apesar dos seus defeitos, o concurso para professor associado constitui uma oportunidade para reflectir profundamente sobre o modo de ensinar uma disciplina, estimulando, portanto, o aperfeiçoamento da prática pedagógica e...(por que não ousar dizê-lo quando se está perante uma carreira que alia docência e investigação?) a produção científica. Ora, um investimento na ponderação do modo de lecionar uma disciplina tende a ser particularmente profícuo nos domínios que tem enfrentado grandes transformações e em que se antevêem ou reivindicam mais

transformações, como é, justamente, o caso do Direito de Família. Aqui, afigura-se indispensável um olhar crítico amplo e constante. Aqui, a rotina, a repetição mecânica de uma orientação pedagógica, pode ser fatal para a qualidade do ensino. Não se pode, por exemplo, pretender que o programa de Direito de Família em 2007 seja essencialmente idêntico ao de 21977. E, por vezes, chegará a ser arriscado adoptar num ano lectivo o mesmo programa do ano lectivo anterior, sem que se tenha procedido a uma reavaliação das circunstâncias. O ensino atinente a uma área que se apresenta em mutação deve estar à altura do seu objecto.[25]

Assim, a escolha do Direito de Família como disciplina da Ciência Jurídica a ser compreendida do ponto de vista do ensino universitário se caracteriza pela reverência ao tema, o reconhecimento da sua complexidade dinâmica, da sua necessária interdisciplinaridade e das tentativas de colocarem esta matéria em zona híbrida, em que se cruzariam direito público e direito privado, por meio de uma quase "desqualificação jurídica".[26]

Na realidade brasileira, tal circunstância se revela ainda mais latente, em face da assustadora informação de que já ultrapassamos mais de 1.200 (mil e duzentos) Cursos de Direito em todo o país. Na prática, significa dizer que há milhares de disciplinas de Direito de Família que são pensadas, elaboradas, produzidas e lecionadas, diariamente, nos quatro cantos do país. Como se sabe, a qualidade do ensino jurídico, entretanto, não acompanhou o seu crescimento numérico, e existem muitos cursos que deixam a desejar em qualidade, referencial teórico e métodos de ensino, como já havia sido fortemente denunciado por San Tiago Dantas há mais de meio século.

O reforço de exigência e ampliação do rigor no ato de pensar, elaborar e construir a disciplina de Direito de Família, por parte do docente, é sintomática: na contemporaneidade, o Direito de Família tem ampliado sua importância, seja no âmbito próprio da Ciência Jurídica, seja nas ciências paralelas e afins, com as quais o ramo familiarista guarda fortes relações, como a psicologia, a sociologia, a história, dentre outras.

Também é enorme o apelo midiático pelos temas do Direito de Família. A mídia estabeleceu um paralelo interessante com a matéria na última década. Ao mesmo tempo que se popularizou, lentamente, um *modus operandi* singular de divulgar temas jurídicos de maneira "simplificada e acessível", numa supressão das etapas acadêmicas

---

[25] PINHEIRO, 2010, p. 16.
[26] PINHEIRO, 2010, p. 17.

e técnicas para se tratar determinadas questões que são áridas por natureza. Houve, igualmente, um despertar da busca por "temas quentes", que saídos diretamente dos livros universitários e das aulas de Graduação/Pós-Graduação, passam a ser tratados com desenvoltura singular por fortes meios de comunicação, como as novelas, seriados e programas jornalísticos.

Dentre todos os temas "da moda", nenhum chama tanto a atenção do "grande público" quanto o Direito de Família, que por suas vicissitudes e idiossincrasias, mexe na alma e com a vida de quem está do outro lado da notícia, sendo ou não profissional da área jurídica. Retratar a vida afetiva, sexual e econômica das pessoas gera audiência, visibilidade e, por óbvio, lucro certo. O Direito de Família se tornou popular, como nenhum dos outros ramos do Direito, e tal peculiaridade amplia as pressões para o professor de Direito de Família, em sala de aula. Imperioso citar, mais uma vez, Jorge Duarte Pinheiro:

> O Direito da Família influi ou procura influir, de forma intensa, na vida de cada indivíduo. [...] E se a relevância do Direito de Família não é algo de recente, a verdade é que a consciência da importância deste ramo tem-se generalizado ultimamente, em boa parte devido à ação da comunicação social, que revela uma preocupação constante com as situações de maus tratos a crianças, com a regulação do exercício do poder parental, com a adopção, com a procriação medicamente assistida e com o regime de casamento. Numa Universidade que não está fechada ao exterior, é, por isso, natural a escolha do Direito da Família para tema de trabalho acadêmico.[27]

De fato, é enorme o conjunto de "revistas especializadas", programas de TV (tanto em canais abertos quanto no serviço por assinatura ou *on demand*), *sites*, *blogs*, *podcasts*, perfis no Facebook e no Instagram, contas no Twitter e canais no YouTube. É difícil encontrar um programa de variedades, na rádio ou na TV, em que não apareça um profissional pronto a "tirar dúvidas" sobre Direito de Família, explicar o último caso de repercussão nacional julgado por determinado Tribunal ou analisar a questão de Direito de Família posta pela mais recente novela.

Os meios de comunicação, muito mais rápidos na percepção do grande interesse coletivo sobre os temas, contratam "consultores" que apresentam casos (reais ou não), para serem romantizados e incluídos

---

[27] PINHEIRO, 2010, p. 18.

subliminarmente na dramaturgia profissional. Nos últimos anos, as novelas brasileiras retrataram questões relativas à inseminação artificial, parentalidade, incesto, relações afetivas entre irmãos, ascendência genética e sua investigação, divórcio e separação, pensão alimentícia, guarda compartilhada, famílias simultâneas, uniões homoafetivas, dentre outras, com maior ou menor repercussão midiática. Enfim, são desafios sobrepostos aos profissionais que se debruçam ao tratamento da matéria em sala de aula e fora dela.

Some-se aos fatos já apresentados a incrível bibliografia do Direito de Família, no Brasil e no mundo. Material extenso, variado, em diferentes níveis de aprofundamento e, por que não dizer, também de qualidade. Selecionar e trabalhar tal material doutrinário, encontrar os textos mais apropriados para leitura prévia dos discentes, sugerir material didático complementar ou indicações específicas para subtemas que venham a ser debatidos em sala também compõem a rotina do docente da disciplina.

Ainda é pertinente destacar que a doutrina de Direito de Família, de modo geral, está mais voltada para uma interpretação da jurisprudência, que propriamente uma interpretação do Direito, que venha a interferir nos posicionamentos dos Tribunais. Ao invés de influenciar a jurisprudência, a doutrina é por ela completamente influenciada, abrindo mão do seu papel histórico de ser uma das fontes do Direito, e passando, muitas vezes, a apenas uma compilação do decisionsimo dos julgadores, ratificando com a ideia de judicialização e de crise do Direito codificado.

CAPÍTULO 8

O ENSINO DO DIREITO DE FAMÍLIA COMO PRODUÇÃO BIBLIOGRÁFICA

Para sistematizar, de forma breve, a produção bibliográfica sobre o tema do ensino do Direito de Família no Brasil, optamos por fazer a exposição indicando, individualmente, autor e texto. Na distribuição de autores, escolhemos apresentar a matéria em ordem cronológica da publicação dos textos sobre o tema. Embora a proposta seja relatar, brevemente, a produção intelectual do assunto no Brasil, incluímos ainda, no último tópico, a abordagem do professor português Jorge Duarte Pinheiro, por conta da importância de sua obra específica sobre a matéria, bem como em razão da influência que tal livro teve na elaboração deste estudo.

8.1 San Tiago Dantas

O importante jurista San Tiago Dantas, no ano de 1955, proferiu célebre aula inaugural dos cursos da então Faculdade Nacional de Direito, no Rio de Janeiro, sob o tema: "A educação jurídica e a crise brasileira". Tal pronunciamento, por sua relevância, transformou-se num dos textos mais emblemáticos e significativos sobre a necessidade de reflexão sobre o ensino jurídico no país, sendo reverenciado e citado com frequência na atualidade, sobretudo por estudiosos do tema.

O texto não trata especificamente do ensino do Direito de Família, mas do contexto geral dos cursos de Direito, com reflexões que ainda permanecem bastante atuais. Sua utilização neste estudo se justifica, portanto, pelo cunho emblemático que o texto conquistou com o passar dos anos.

De início, lembra o respeitado civilista, que o problema do ensino jurídico pode ser tratado como projeção, em campo mais particular, do problema geral do ensino superior, ou do problema da educação em todos os graus.[28] Tal realidade, como se sabe, muitas décadas depois, permanecem latentes no ensino jurídico do país, sobretudo após a disseminação de Cursos de Direito em todos os cantos do país, alguns deles sem estrutura física, acervo de biblioteca e professores devidamente capacitados para o mister.

Após profunda peroração acerca do papel do Direito e da educação jurídica na cultura de uma comunidade, relaciona a cultura jurídica e a crise social. Talvez esse seja um dos aspectos mais robustos e interessantes do texto: relacionar, de forma razoável e corajosa, a crise da cultura jurídica como aspecto da crise social e econômica pela qual o país atravessa, há muitos anos, e sem perspectiva clara de solução próxima. As soluções, aponta San Tiago Dantas, estariam em torno da reconstrução da cultura jurídica através do aperfeiçoamento da educação.

Como primeiro elemento de reflexão para reconstrução da cultura jurídica, sugere o autor o remanejamento da didática, indicando que a antiga postura de transmissão unilateral do conhecimento do professor para o aluno, nos seguintes termos:

> Os grandes mestres de ontem e de hoje, que deram e dão glória às cátedras desta Escola, liberalizando aos seus alunos o fruto valioso de sua cultura em preleções, obedecem à linha da mais ilustre tradição acadêmica. Mas muitos deles, senão todos ou quase todos, já vêm sentindo a necessidade de abandonar a didática tradicional, baseada na meditação em voz alta e na eloquência, para abrir espaço a outro método de ensino, mais apto a cingir o verdadeiro objetivo do ensino que ministramos. Esse verdadeiro objetivo não é o estudo sistemático dos institutos e normas, é o preparo, o desenvolvimento, o treinamento e, afinal, o cabal desempenho do raciocínio jurídico. A didática tradicional parte do pressuposto que, se o estudante conhecer as normas e instituições, conseguirá, com os seus próprios meios, com a lógica natural do seu espírito, raciocinar em face de controvérsias, que lhe sejam amanhã submetidas. O resultado dessa falsa suposição é o vácuo que a educação jurídica de hoje deixa no espírito do estudante já graduado, entre os estudos sistemáticos realizados na escola e a solução ou a apresentação de controvérsias, que se lhe exige na vida prática.[29]

E prossegue o respeitado autor, recomendado a substituição do sistema baseado em textos e leituras reflexivas para estudos de casos,

---

[28] DANTAS, 1955.
[29] DANTAS, 1955.

que se coloca como de amplo interesse para a estruturação da disciplina Direito de Família na contemporaneidade:

> A verdadeira educação jurídica, aquela que formará juristas para as tarefas da vida social, deve repetir esse esquema fundamental, colocando o estudante não em face de um corpo de normas, de que se levanta uma classificação sistemática, como outra história natural, mas em face de controvérsias, de conflitos de interesses em busca de solução. Só desse modo a educação jurídica poderá conceituar com clareza o seu fim, que é formar o raciocínio jurídico e guiar o seu emprego na solução de controvérsias. O estudo das normas e instituições constitui um segundo objetivo, absorvido no primeiro, e revelado ao longo do exame e discussão dos problemas. [...] A nova didática, pelo contrário, inverteria as proporções. O estudo assumiria a forma predominante do case system, que não é como muitos pensam, estritamente dependente da práxis anglo-americana dos precedentes judiciais. O objetivo primordial do professor, a que ele passa a dedicar o melhor do seu esforço, não é a conferência elegante de cinquenta minutos sobre um tópico do programa, mas a análise de uma controvérsia selecionada, para evidenciação das questões nela contidas e sua boa ordenação para o encontro de uma solução satisfatória; o estudo do raciocínio em cada uma de suas peripécias; o preparo da solução, com a consulta não só das fontes positivas, como das fontes literárias e repertórios de julgados; e, afinal, a crítica da solução dada, om o cotejo das alternativas.[30]

Noutro ponto que também chama atenção para o Direito de Família, no Brasil, o autor trata da divergência entre a formação geral *versus* a formação especializada, no afã de apontar a necessidade de que seja o ensino jurídico voltado para especialidades, vocações próprias de cada aluno, demandas particulares e interesses específicos. A própria estrutura dos currículos necessita de remodelamento, para atender as demandas peculiares de cada área. Tal intento somente seria alcançado mediante a aplicação da técnica de currículo flexível e especializado, adaptável e direcionado para o atingimento dos objetivos programados.

8.2 Paulo Lôbo

O eminente jurista alagoano teve papel fundamental na formatação mais atual do ensino jurídico no Brasil, principalmente em face da sua atividade consultiva, desde a década de 1990, para fins de reconstrução

---

[30] DANTAS, 1955.

dos parâmetros de avaliação e ampliação da qualidade dos Cursos de Direito. De maneira mais específica, é de se reconhecer sua atuação, em todo o território nacional, para elaboração, discussão e aprovação da Portaria MEC nº 1.884 de 30 de dezembro de 1994, que a partir do ano letivo de 1997 tornaram-se obrigatórias as chamadas "novas diretrizes curriculares", para todos os cursos jurídicos do país, naquele então.

Para o Direito de Família, de forma mais específica, a par de extraordinária atividade como doutrinador, o ilustre professor produziu um texto seminal, chamado "Educação: o ensino do Direito de Família no Brasil", fruto de sua palestra por ocasião do I Congresso Brasileiro de Direito de Família – IBDFAM, ainda no ano de 1997.

Este estudo foi, decerto, o primeiro no Brasil sobre o Ensino do Direito de Família, e é marcante também por ter sido apresentado em congresso científico tão emblemático, que deu ensejo a toda a vastíssima produção posterior do IBDFAM, marco teórico e referência no Direito de Família no país.

Ao longo do texto, o grande civilista discorre com elegância sobre a necessidade de repensar o ensino do Direito de Família, sobretudo em face da Constituição Federal de 1988: que o autor chama de "o canto do cisne da família patriarcal", a fim de demonstrar a mudança profunda de paradigmas envolvida na construção de novas relações de família. No mesmo sentido, a quebra do patriarcalismo como conjunto ultrapassado de regras jurídicas e a busca do novo paradigma familiar impunha, ao docente de Direito de Família daquela época, a devida contextualização da matéria (ainda prevista no velho Código Civil de 1916) com o contexto renovado da Carta Federal recente.

O conteúdo programático tradicional do Direito de Família, portanto, restava superado, e era necessário denunciar tal transformação. A permanente discussão sobre a conceituação e topologia normativa do Direito de Família, se público ou privado, ganhava ares renovados com as mudanças interpretativas e metodológicas trazidas pelo novo sistema constitucional. O processo de descodificação do Direito de Família passou a ser mais latente, e essa também era mais uma atribuição do docente da matéria, qual seja incluir, as leis civis especiais de Direito de Família e os conteúdos paralelos e correlatos ao tema nas aulas.

Ainda, a reconfiguração do direito das mulheres e direito à diferença entre os gêneros trouxe novo eixo gravitacional para a disciplina, que estava emoldurada, fortemente, na figura masculina. Os novos princípios do Direito de Família (princípio da dignidade da pessoa humana; princípio da liberdade; princípio da igualdade; princípio do pluralismo das entidades familiares; princípio da eliminação do elemento despótico), finalmente, coroaram a égide da constitucionalização do Direito Civil no ramo familiarista, teoria robusta e complexa, que tem na figura de Paulo Lôbo um dos seus principais expoentes.

Destacou também, acerca do impacto específico no âmbito do Direito de Família, pela implantação na época, de renovadas diretrizes curriculares (que ainda continuam em vigor, além de terem sido, sucessivamente, aprofundadas), senão vejamos:

> [...] Não se trata de simples elenco de matérias para composição de grade curricular. Sua concepção é abrangente das várias dimensões de um projeto pedagógico. Para as finalidades do ensino do Direito de Família, podem ser destacados os seguintes pontos: a) interligação obrigatória do ensino com a pesquisa e a extensão; b) necessidade de formação fundamental, sociopolítica, técnico-jurídica e prática do bacharel em Direito; c) destinação de cinco a dez por cento da carga horária geral do curso para atividades complementares, de livre escolha do aluno; d) exigência de interdisciplinaridade; e) absorção de novos direitos. As novas diretrizes impõem redirecionamento completo das práticas pedagógicas e dos conteúdos que se tornaram comuns, nos cursos jurídicos. O exemplo infelizmente caricato do professor de Direito é o do comentador superficial de textos legais, sem contribuir para a produção criativa ou ao raciocínio crítico, reproduzindo-se tal modelo nas avaliações que aplica. Esse tipo de professor não está preparado para implementar o novo ensino jurídico.[31]

E arremata o professor emérito da Universidade Federal de Alagoas e da Faculdade de Direito do Recife:

> O ensino do Direito em geral, e do Direito de Família em especial, não pode mais conter-se na transmissão do conhecimento já consagrado. Há de estar integrado com a produção do conhecimento novo, que só a pesquisa é capaz de propiciar. Além disso, deve interagir com a comunidade, valendo-se dos vários processos de extensão.[32]

Finaliza o autor recomendando a maneira pela qual deveria ser realizada a aplicação de todas essas mudanças na rotina de sala de aula do Direito de Família, nas faculdades e universidades de Direito do país:

---

[31] LÔBO, 1999.
[32] LÔBO, 1999.

O primeiro passo é o abandono do modelo exegético, centrado no Código Civil. Como se procurou destacar acima, o Direito de Família mudou radicalmente, mas o Código permaneceu centrado em um paradigma que já desapareceu. A abordagem deve ser necessariamente crítica, para que se revele o descompasso da lei com a realidade social. Deve-se optar por extrair da Constituição os elementos fundamentais compatíveis com as relações pessoais e familiares que tutela. Em verdade, o Código restou como normas supletivas, no que não contrarie a Constituição e a legislação especial, que desenham um estatuto legal dúctil da família. Mas o ensino da matéria ainda estará incompleto se o seu conteúdo programático não incluir a contribuição de ciências não jurídicas, como a História, a Psicologia (ou a Psicanálise), a Sociologia, a Demografia (imprescindíveis são as pesquisas por amostragem de domicílio, que anualmente o IBGE promove) e a Bioética. Para o Direito de Família, ante sua densa interdisciplinaridade e imersão na realidade social, é mais adequada a pesquisa social empírica, cuja metodologia está largamente assentada. Nesse campo, as linhas de pesquisa podem dirigir-se a: a) conhecimento das circunstâncias reais da vida familiar e social, que indicam as condições de viabilidade ou necessidade de ordenação de condutas e interesses; b) conhecimento das fontes reais de direito, assim entendidas e praticadas pela comunidade; c) a efetividade do direito positivo; 4) a adequação do Direito à realidade social, seus valores e interesses; 5) as práticas administrativas, que realizam o Direito, no Estado Social, mais que a jurisprudência dos tribunais, particularmente no campo da ação social, da assistência e da seguridade, no interesse das famílias. São comuns a pesquisa por amostragem, a aplicação de questionários, a pesquisa documental, a pesquisa de jurisprudência dos tribunais, a pesquisa de legislação nacional e estrangeira e de projetos de leis, e dos grupos de pressão e ideológicos que os influenciaram. No plano da produção do conhecimento, é interessante a apropriação de dados de outras ciências que possam agregar-se à reflexão crítica de causas e tendências das relações familiares, sob a perspectiva do Direito.[33]

Encerra o texto com a indicação de uma lista temas básicos, que o conteúdo programático da disciplina deve, minimamente, incluir, sempre na perspectiva de uma ordem tendencialmente repersonalizante, em que a pessoa ou o sujeito, nas relações familiares, é o foco principal do conhecimento e do ensino. O patrimônio deve ser visto como efeito da tutela dos sujeitos e não como causa do regime jurídico familiar.[34]

---

[33] LÔBO, 1999.
[34] LÔBO, 1999.

As lições de Paulo Lôbo, decerto, continuam plenamente em vigor, mais de vinte anos depois. O fluxo de transformações do Direito de Família, consoante demonstrado pelo professor das Alagoas, apenas se intensificou em quantidade e em qualidade no decurso desse período. A vivacidade e a lucidez do autor foram – e continuam sendo – decisivas para a compreensão, análise crítica e planejamento do ensino do Direito de Família no Brasil.

8.3 Giselda Novaes Hironaka

Notória professora da Universidade de São Paulo – USP, e responsável pela formação de toda uma geração de civilistas brilhantes na Graduação E Pós-Graduação das Arcadas Paulistas, Giselda Novaes Hironaka demonstrou, ao largo da narrativa da sua própria experiência enquanto docente da disciplina, a mudança dos costumes, transformações no conceito de família e evolução do Direito de Família nas últimas décadas, processos dos quais ela foi testemunha ocular e ativa participante por meio de sua sólida atividade acadêmica.

Em discurso para calouros da USP, a professora apontou as principais transformações pelas quais a matéria atravessou nos últimos cinquenta anos, e qual a relação de tal evolução com a maneira de encarar a disciplina em sala de aula. No texto "A família brasileira contemporânea e o ensino do Direito de Família nos cursos jurídicos",[35] publicado em 2014 na *Revista da Faculdade de Direito da Universidade de São Paulo*, a eminente professora asseverou:

> Enfim, o Direito de Família que recebemos de nossos mestres, aqui nas Arcadas, foi um Direito de Família rígido, cheio de regras e de preconceitos, no qual o casamento mais valia e a mulher ocupava espaço menos privilegiado, normalmente voltado para o cuidado para com a prole e para com o lar. Recebemos um Direito de Família que apenas se interessava pelas consequências patrimoniais advindas da ruptura das relações. E saímos advogando.[36]

E segue a professora, indicando os caminhos adotados para o ensino da matéria, no Brasil, após as transformações operadas a partir da segunda metade do século passado, com destaque para a Carta Federal de 1988 e os efeitos da constitucionalização do Direito de Família:

---

[35] HIRONAKA, 2014.
[36] HIRONAKA, 2014.

Na Universidade – não teria podido ser diferente! – mudava o ensino do Direito de Família, que não devia mais permanecer surdo às grandes mudanças paradigmáticas e aos significativos avanços na construção jurisprudencial e legislativa, mormente em sede constitucional. Posso dizer – e vivi academicamente todos e cada um desses momentos – que o ensino do Direito de Família humanizou-se. O impacto mais acentuado pode ser notado na divisão que a docência passou a desenvolver em sala de aula, separando o ensino do Direito de Família em dois segmentos diferenciados e até então inexistentes na consideração legislativa: o direito pessoal, acolhendo as relações de conjugalidade e as relações de parentalidade e o direito patrimonial, cuidando de todas as consequências deste jaez decorrentes destas relações. Já não era, então, um Direito de Família como aquele que aprendemos no passado, quando o grande e principal foco eram apenas os aspectos patrimoniais. Anote-se que o Código Civil, de 2002, acolheu esta divisão que a cátedra já propunha em sala de aula, dando ênfase, enfim, ao caráter existencial do Direito de Família.[37]

Finalmente, após apontar, de forma detalhada, vários aspectos que caracterizam a mudança paradigmática pela qual o Direito de Família enfrentou, o texto da professora Giselda Hironaka conclui com uma interessante provocação sobre a relação da disciplina e das atribuições da Universidade:

Se este é o perfil da família brasileira na contemporaneidade, o Direito de Família a se ensinar nos cursos jurídicos deve corresponder exatamente a este perfil, e lutar pelo acolhimento de toda a realidade social pela normativa jurídica. Quando se tem um Direito de Família menos beligerante – EM SI MESMO – há evidente expectativa de que os conflitos familiais levados à consideração do Poder Judiciário sejam – ELES TAMBÉM – menos agressivos, menos vingativos, menos sofridos e menos dolorosos, por isso tudo. Se, por si sós, as desavenças familiais que conduzem às quebras dos laços de conjugalidade e às rupturas dos laços de parentalidade são "um pote até aqui de mágoas", o que dizer, então, se contarem com a lastimável ajuda de um Direito de Família que também corre no mesmo sentido, incentivando o conflito, reavivando as mágoas e requerendo a punição e o castigo pelo fato do desamor?[38]

A premissa da doutrinadora, portanto, é no sentido de que a matéria que se ensina nas salas de aula de Direito de Família brasileiro

---

37 HIRONAKA, 2014.
38 HIRONAKA, 2014.

deve ser correspondente ao conjunto de mudanças e de avanços que o conteúdo experimentou (e experimenta), nessa quadra histórica.

8.4 José Fernando Simão

A convite do Instituto Brasileiro de Direito de Família – IBDFAM, o Professor José Fernando Simão, da Universidade de São Paulo, escreveu em 2012 artigo intitulado "O ensino do Direito de Família: um paradoxo a ser superado". O texto erudito, como o professor Simão costuma se expressar, trata do ensino do Direito de Família, tomando por base a sofisticação que a matéria atingiu, contemporaneamente, no Brasil.

Revela o referido autor que existe um paradoxo no ensino da matéria. Em primeiro lugar, porque o país não definiu, ainda nessa quadra histórica, qual o modelo de ensino jurídico que vai adotar, principalmente após a superação do velho modelo de aulas meramente expositivas, estilo palestras, em que o professor muitas vezes ficava sentado falando aos seus alunos ou simplesmente lendo seus apontamentos para a turma.

Em segundo lugar, por conta da mudança do eixo central da disciplina, que progressivamente se afasta do conteúdo matrimonializado e se aproxima dos cuidados com os membros da relação familiar, caracterizando arranjos afetivos cada vez mais voltados para o desenvolvimento de seus próprios membros, e menos na instituição propriamente dita, abstrata e impessoal, da família patriarcal. Nas palavras do autor, temos que:

> Se no sistema tradicional o ensino do casamento era o centro do curso, a família era legítima e calcada no direito de propriedade (quanto maior a exclusão, menor a divisão e dispersão dos bens); atualmente a pessoa humana é o centro do sistema (Luiz Edson Fachin chama o fenômeno de repersonalização) e sua dignidade valorizada. Não há mais um único modelo de família, admitindo-se que é na pluralidade, no respeito e aceitação das diferenças, que se constrói a dignidade.[39]

Em seguida, o grande professor indica, de forma exemplificativa, temas que não podem passar despercebidos ao docente da matéria nesta quadra histórica: a principiologia do Direito de Família; mudanças no conceito de parentesco, sobretudo após a guinada teórica e epistemológica

---

[39] SIMÃO, 2012.

da égide do afeto nas relações de família; transformações nas uniões estáveis e nas famílias simultâneas e paralelas; inclusão de conteúdos que antes eram afeitos ao processo civil, como mediação e conciliação para fins de resolução de conflitos; dentre outros.

Além desse rol de temas que não podem ser descuidados pelo docente de Direito de Família, a mudança metodológica e de abordagem do conteúdo é, segundo o professor do Largo de São Francisco, a única maneira de conciliar as duas estruturas transformadoras da docência da disciplina: fazer os alunos interagirem entre si, debatendo termos e conceitos, utilizando textos complementares específicos para cada matéria (como faremos abaixo, na indicação de bibliografia específica para cada um dos grandes temas da disciplina), convidando outros professores, especialistas em áreas afins ao ramo familiarista, reforçando o critério de interdisciplinaridade e, sobretudo (não apenas no texto do eminente professor, mas como constante afirmação de suas intervenções públicas em seminários, congressos e palestras), reforçando a necessidade de conhecimento profundo, por parte do profissional, da matéria que leciona.

8.5 Silvana Maria Carbonera

Em um dos textos mais robustos já escritos sobre o ensino do Direito de Família no Brasil, a professora Silvana Maria Carbonera, Mestre e Doutora em Direito das Relações Sociais pelo Programa de Pós-Graduação em Direito da UFPR, trata a questão sob uma perspectiva realista, sóbria e bastante lúcida, indicando que "é necessário despir-se do encanto que estudar e refletir o Direito de Família provocam", a fim de averiguar a realidade acerca do tema.

No artigo é intitulado "O ensino do Direito de Família no Brasil: alguma reflexões possíveis",[40] a autora enfrenta questões complexas, dentre as quais: compreender o espaço da pesquisa no processo ensino-aprendizado como meio indispensável na consolidação do conteúdo trabalhado e no processo de formação de um aluno crítico no Direito de Família; a distinção entre a leitura codificada e a leitura constitucionalizada; análise do Direito de Família a partir de um tratamento específico que respeite as peculiaridades de cada relação familial; a convivências de diversos tipos de Estado, no mesmo âmbito da realidade brasileira e suas repercussões no reconhecimento e afirmação dos direitos individuais e na liberdade de manifestação afetiva; o

---

[40] CARBONERA, *O ensino do Direito de Família no Brasil: algumas reflexões possíveis.*

surgimento de novos sujeitos e a necessidade de constante reflexão que os atendam de forma apropriada; análise de aspectos sociais, econômicos e políticos como relevantes para um adequado tratamento jurídico do ensino do Direito de Família.

No que diz respeito às considerações de como se deve ensinar o Direito de Família, a autora traz reflexão de relevo:

> A escolha de como metodologicamente apresentar o Direito de Família aos alunos, quais conteúdos tratar e em qual seqüência tratá-los certamente angustia aqueles que fizeram da docência uma profissão de fé. Um professor de Direito de Família que viva no Brasil, neste momento histórico, pode e, acredita-se, deve ter em mente dois aspectos: a) seu agir como um dos promotores do processo ensino-aprendizagem e b) os objetivos que pretende alcançar. Todavia, é necessário ter como pressuposto do referido processo a necessidade de efetivação do respeito a todos os que estão nele envolvidos. Não é suficiente, neste ponto, afirmar a garantia de dignidade daqueles que sentirão os efeitos do Direito de Família se ela não é tornada efetiva no processo de ensino-aprendizado. E isso se faz, minimamente, respeitando os alunos como sujeitos ativos de tal processo e reconhecendo-os como pessoas dotadas de potencial poder de transformação da realidade em que vivem.[41]

E arremata a ilustre professora, reforçando a necessidade de compreensão do ensino do Direito de Família como atividade docente inclusiva, caracterizada pela existência da pessoa além da família, e do grupo familiar além da instituição jurídica:

> É preciso afirmar o que, talvez, seja o mais elementar e básico: o espaço da sala de aula é, sim, um lugar privilegiado para o desenvolvimento do processo ensino-aprendizado do Direito de Família, mas não pode e não deve ser o único. Todas as pessoas que atuam no quotidiano da família têm um compromisso, assumido a partir do momento em que passaram a atuar nessa área: promover, direta ou indiretamente, uma transformação no olhar das relações de família a partir do seu agir, de modo a respeitar a dignidade de todos aqueles que, de uma forma ou outra, estejam envolvidos em um tema de Direito de Família. Quem atua na área de família não pode esquecer, nunca, que está tratando com e de pessoas e, neste momento, deve agir como bombeiro e não como incendiário. [...] Destaca-se, neste ponto, um compromisso: o de lutar para que os discursos de proteção à família e às pessoas se tornem cada vez mais uma ampla realidade.[42]

---

[41] CARBONERA, *O ensino do Direito de Família no Brasil: algumas reflexões possíveis.*
[42] CARBONERA, *O ensino do Direito de Família no Brasil: algumas reflexões possíveis.*

8.6 Jorge Duarte Pinheiro

Conforme já explicado na introdução a esta análise bibliográfica sobre o ensino do Direito de Família, o trabalho do Professor Jorge Duarte Pinheiro diz respeito à experiência do ensino em Portugal. Mas, ainda que na tradição lusitana de se produzir relatórios para evidenciar o progresso na carreira docente (principalmente para galgar os mais altos níveis do ensino universitário naquele país), o livro *O Ensino do Direito de Família Contemporâneo* supera as barreiras nacionais e serve, de maneira significativa, para repensar a disciplina de Direito no mundo ocidental, pela similitude de temas e de evolução histórica, mas de forma ainda mais específica no Brasil, pela natural influência do Direito Português, bem como pela essência do ensino brasileiro ter sido, nos primeiros anos, copiado do padrão da lendária Universidade de Coimbra.

O livro é constituído de quatro partes, quais sejam; a) *Introdução* (justificando a escolha do Direito de Família, a não inclusão do Direito das Sucessões, a limitação do ensino contemporâneo e a sistematização da matéria); b) *Os grandes problemas do Direito de Família contemporâneo* (tratando da permeabilidade do Direito de Família à realidade social, Pluralismo e relativismo no Direito de Família, o Direito de Família em mutação, a delimitação do próprio objeto do Direito de Família, a transformação das principais relações jurídicas familiares e a tendência de uniformização transfronteiriça do Direito de Família); c) O ensino do Direito de Família em Portugal e no estrangeiro (o ensino na Faculdade de Direito da Universidade de Lisboa, o ensino na Faculdade de Direito da Universidade de Coimbra, o ensino na Faculdade de Direito na Universidade Católica Portuguesa, o ensino do Direito de Família contemporâneo em outros países, como Espanha, França, Itália, Alemanha, Brasil, Reino Unido e Estados Unidos da América); d) *Uma proposta de ensino* (programa da disciplina, os conteúdos de Direito de Família, bibliografia letiva, métodos de ensino e avaliação).

O maior mérito da obra de Jorge Duarte Pinheiro é, provavelmente, a sistematização intelectual do ensino do Direito de Família, bem como a atividade reflexiva para os demais docentes da matéria, induzindo uma postura autocrítica e reflexiva, no intuito de aprimoramento constante da atividade docente.

CAPÍTULO 9

RETROSPECTIVA HISTÓRICA DO ENSINO DE DIREITO DE FAMÍLIA NO BRASIL

Questão de relevo e de interesse diz respeito a saber quando a disciplina de Direito de Família começou a ser lecionada no Brasil. Matéria de cunho histórico e de difícil exatidão, porque o conteúdo do que hoje chamamos de Direito de Família estava incluído no rol de temas do que se chamava "Direito Civil pátrio", e estava fundamentado em leis esparsas sobre o assunto, na tradição do antigo Direito Português[43] e na doutrina estrangeira que chegava, aos poucos, ao Brasil. Silvio Meira retrata bem a situação:

> O velho direito português e as fontes romanas continuavam a ter vigência em terras americanas. Primeiro as Ordenações Afonsinas, aplicadas ainda ao tempo do descobrimento do Brasil, depois substituídas pelas Ordenações manuelinas nos alvores do século XVI (1514) e finalmente as Ordenações Filipinas, tudo isso ao lado dos costumes, foros, façanhas (decisões dos juízes municipais), as respostas (pareceres dos jurisconsultos) e o Direito Canônico [...]. Quando se criaram os Cursos Jurídicos de Olinda e São Paulo, não possuíamos uma verdadeira cultura jurídica. Éramos um prolongamento peninsular em terras do Novo Mundo. Uma extensão de Portugal.[44]

---

[43] "Os usos e costumes não podiam deixar de ser importados de Portugal. Embora os direitos familiares estivessem já disciplinados pelas leis gerais, em Portugal o chefe da família era um verdadeiro senhor: sua vontade predominava absoluta; era o pai quem escolhia o marido para a filha, e esta só o conhecia no dia do casamento. Na sociedade incipiente brasileira, a autoridade paterna chegou até a degenerar em tirania, e a mulher foi uma verdadeira escrava" (CHAVES, 2000).

[44] MEIRA, 1977, p. 53.

Não era possível, portanto, naquele momento, afirmar que já havia o que chamamos de Direito de Família. Mas é certo que sua consolidação como ramo autônomo e independente adveio, em boa parte, da sua lenta construção acadêmica, no bojo das lições mais antigas de Direito Civil.[45]

A Carta de Lei de 11 de agosto de 1827, que criou os dois primeiros cursos de Direito no Brasil, em Olinda/Recife e São Paulo, estabeleceu que o curso seria realizado em cinco anos e dividido em nove cadeiras, dentre as quais estava, no terceiro e quarto anos, o "direito pátrio civil". Sobre tal ensino primitivo, Clóvis Bevilácqua deixou registrado:

> Iniciava-se, no terceiro ano, a exposição do Direito Civil pátrio, que se continuava no quarto. Em uma legislação atrasada de dois séculos, elaborada em época de absolutismo, qual era a das Ordenações Filipinas, cujas deficiências se preencheriam, principalmente, com Direito Romano.[46]

No ano de 1858, o gênio de Augusto Teixeira de Freitas apresenta a *Consolidação das Leis Civis*, sob encomenda do Governo Imperial. Tal trabalho foi posteriormente aprofundado em 1868 como *Esboço do Código Civil*, com a divulgação daquilo que o jurista baiano chamou de "tábua sintética" de matérias que deveriam compor o que se imaginava seria o primeiro Código Civil brasileiro. O conteúdo relativo ao Direito de Família já aparecia, naquele então, de forma quase totalmente individualizada, dentro da Parte Especial, Seção 2ª. "Dos Direitos Pessoais nas Relações de Família". Tal sistemática foi utilizada tanto na *Consolidação das Leis Civis* quanto no *Esboço do Código Civil*.

O rol de temas era extenso e incluía o casamento, o divórcio (de forma muito inovadora para a época), a paternidade, a filiação, os regimes de bens, direitos e obrigações dos pais, relações de parentesco, adoção, tutela e curatela. Como se sabe, o *Esboço do Código Civil* de

---

[45] "O último período de Pombal até a transferência da Corte para o Brasil, isto é, 1750 a 1808, manifesta obra legislativa característica e que desempenhou grande influência na história do Direito pátrio. A legislação deste período reformou pela base quase todo o procedimento do uso e aplicação do Direito. Já permite focalizar separadamente o Direito Civil que assume fisionomia própria. Anteriormente, não havia possibilidade de se cogitar da aplicação do Direito Privado. A vida era incipiente e as relações entre os poucos europeus que por aqui aportavam eram regidas pelos usos e costumes. A legislação nesse período assinala-se principalmente no que diz respeito às matérias casamento, pátrio poder, tutela e curatela, direito sucessório e contratos. Faz-se notar uma nova ordem de coisas na situação até então imperante e começam a se delinear os primeiros institutos que haviam de se firmar no período seguinte" (CHAVES, 2000).

[46] BEVILÁCQUA, 1977, p. 20.

Teixeira de Freitas sofreu severas críticas por parte da comissão revisora do governo imperial e terminou sendo descartada. De todo modo, a semente estava plantada e é possível dizer que a essência do que ficou estabelecido nesse trabalho magnífico foi reutilizado, posteriormente, por Clóvis Bevilácqua.[47]

Quase que simultaneamente à finalização do Esboço de Teixeira de Freitas, surge obra seminal para o estudo do Direito de Família no Brasil. Trata-se do primeiro livro dedicado exclusivamente ao tema, em 1869, de autoria de Lafayette Rodrigues Pereira, o Conselheiro Lafayette, formado no âmbito da Faculdade de Direito do Largo do São Francisco. O livro é precursor pois se baseou na divisão dos temas de Direito Civil em debates, naquele então na Alemanha. A autonomia do Direito de Família no Brasil, portanto, parte deste primeiro estudo, e se consolida vinte e sete anos depois, com o livro *Direito de Família*, da autoria de Clóvis Bevilácqua.

Sobre a obra do Conselheiro Lafayette, é possível dizer, é decisiva pra a identificação do Direito de Família como disciplina autônoma. O livro, como se disse, precursor da matéria no Brasil, trata individualmente o Direito de Família, seguindo a lógica da doutrina alemã da época. Segundo o Conselheiro Lafayette, essa ainda não seria uma divisão perfeita dos temas, haja vista a matéria de Direito de Direito Civil se entrelaçar tão profundamente em seus temas, que seria difícil uma segmentação perfeita dos conteúdos. A despeito da crítica metodológica, a divisão adotada no trabalho, sendo inovador no nosso país. Nas palavras do próprio Conselheiro Lafayette:

> No traçar os limites dentro dos quasa se devia encerrar o assumpto deste livro, tivemos sob os olhos a classificação do Direito Civil, modernamente usada na.Allemanha c de que foram iniciadores Heise e Thibaut. Acceitámo-la, não porque nos parecesse a mais perfeita, sinão como das inventadas a melhor e a mais accommoda da para uma distribuição regular das diversas instituições do Direito Civil. [...] O Direito Civil, porém, como tantas outras sciencias moraes, difficilmente se presta a entrar nos quadros de uma classificação assim modelada. Está a difficuldade na propria natureza do assumpto. O Direito Civil é um todo orgânico, cujas partes integrantes são entre si tão intimamente ligadas,

---

[47] O método e as ideais de Teixeira de Freitas, sobretudo suas inovações técnicas geraram repercussões na Argentina, no Uruguai, no Paraguai, em codificações posteriores da Alemanha, Suíça, Rússia, Itália e outras nações.

que é quasi impossível dividi-las sem ao mesmo tempo mutila-las. Ao demais, os elementos constitutivos dos direitos são de sua natureza invariáveis. Em qualquer grupo, onde por differenças c semelhanças accidentaes se ache collocado o direito, na essência é sempre o mesmo.[48]

Deixa claro o Conselheiro Lafayette, na apresentação de seu livro histórico, que conhecia bem a proposta de divisão de temas feita por Teixeira de Freitas, embora dela seja discordante.[49] Segue o jurista do período imperial, discorrendo sobre a classificação trazida da doutrina germânica.[50]

A classificação usada na Allemanha é lambem incorrecta; mas é fora de duvida que se presta a uma exposição clara das matérias: – o que é o primeiro merecimento das classificações. Não tem por fundamento, é verdade, um principio superior do qual sejam divisões as classes em que se agrupam os direitos. Mas não se lhe pôde recusar a excellencia de distribuir as matérias em classes parallelas, em cada uma das quaes se accommoda uma collecção de direitos que se ligam naturalmente por suas affinidades e pelos caracteres exteriores. Eis a classificação allemã: (1) PARTE GERAL 1. Pessoas. 2. Cousas. 3. Actos Juridicos. PARTE ESPECIAL 1. Direito das cousas. (2) 2. Direito das obrigações. (3) 3. Direitos de família. (4) 4. Direito de successão. (5)[51]

De todo modo, é possível concluir que o trabalho hercúleo de Teixeira de Freitas serviu como semente para o amálgama do Direito de Família Brasil, que foi a junção do pensamento do jurista baiano com a intervenção sistemática do Direito Civil Alemão introduzida por Lafayette Rodrigues Pereira.

Com o objetivo de dar novos contornos ao ensino do Direito, o Decreto nº 7.247, de 19 de abril de 1879 determinou mudança significativa

---

[48] PEREIRA, 1918.

[49] "Não preenche também os intuitos da s ciência a classificação fundada na differença de direitos — reaes e pessóaès — classificação tão brilhantemente preconisada por Teixeira de Freitas, o sabio e eminente jurisconsulto, que como a mestre estamos acostumados a respeitar, todos que nos damos a esta ordem de estudos" (PEREIRA, 1918).

[50] José Bonifácio de Andrada sugere, em notas de atualização de Lafayette Rodrigues Pereira, que o conteúdo específico do Direito de Família tem toda sua origem no Direito Romano. Nesse sentido, temos: "A noção de familia é em nosso direito a mesma de que nos dá noticia MACKELDEY no seu Manual de Direito Romano, §538, nestas palavras: Os direitos de familia se occupam das relações de familia e de sua influencia sobre a pessoa e oã bens daquclles que se lhe acham sujeitos. As relações de familia comprehendem o casamento, o pátrio poder e até certo ponto a tutela e a curatela" (PEREIRA, 1918).

[51] PEREIRA, 1918.

na estrutura dos Cursos Jurídicos no Brasil, sobretudo pela divisão em duas seções, a de ciências jurídicas e ciências sociais. Dentre as matérias compreendidas na seção das ciências jurídicas, está a de Direito Civil, ministrada em duas cadeiras. Ou seja, a matéria que correspondia ao Direito de Família era lecionada dentro do âmbito de todo o contexto de Direito Civil, como um dos seus tópicos.

Com a chegada da República, a ampliação dos cursos de Direito deu renovado fôlego aos estudos jurídicos, ampliando horizontes e iniciando um lento e progressivo processo de democratização do acesso ao ensino. Era tempo de pensar os cursos e suas grades curriculares para além das tradições exclusivas da Faculdade de Direito de Recife e de São Paulo. Disciplinas que vinha ganhando força, como Direito de Família, passaram a ser elaboradas e constituídas sob diversos prismas, e em locais geograficamente diversos.

Segundo Haroldo Valladão:

> No império, o ensino superior era um monopólio do Governo Central, que para o direito criara apenas as duas Faculdades do Recife e de S. Paulo. Coube ao grande pensador, Leôncio Carvalho, criar o ensino livre no Brasil pelo Dec. 7.247, de 19/04/1879, infelizmente não executado. Vem a República e com ela ressurge o ensino livre pelo Decreto de 02 de janeiro de 1891, de benjamim Constant, que retoma as ideias de Leôncio Carvalho. E nascem no Brasil, as Faculdades Livres, que tão altos serviços prestaram ao nosso ensino e cultura. A primeira é a Faculdade de Direito da Bahia, seguindo-se no Rio de Janeiro. [...] A seguir, a Faculdade de Direito de Minas Gerais, a de Porto Alegre, a de Belém do Pará, a do Ceará, a de Niterói, a de Pelotas no Rio Grande do Sul e a do Paraná.[52]

A Lei nº 314 de 30 de julho de 1895 e o Decreto nº 2.226, de 01 de fevereiro de 1896, também inovaram na estrutura do ensino. Esta lei criou nova cadeira de Direito Civil no Curso Jurídico. No mesmo ano de 1896, é lançado o livro *Direito de Família*, de Clóvis Bevilácqua, considerado até hoje um compêndio de grande relevo histórico, sobretudo para o estudo da matéria.

Já sobre o livro *Direito da Família*, de Clóvis Bevilácqua, publicado originariamente em 1896, teve como fundamento o livro de Lafayette Rodrigues Pereira, mas dele se diferenciou sensivelmente em qualidade, profundidade e estrutura científica. O texto do jurista cearense é, ainda hoje, um dos mais importantes e robustos trabalhos sobre o Direito

---

[52] VALLADÃO, 1977, p. 176.

de Família já publicado no Brasil. Seu texto, bastante avançado para a época, trazia reflexões de ordem sociológica e filosófica além de análise detida dos fundamentos do conteúdo familiarista. Colacionou, ainda, significativa doutrina estrangeira, além de ser precursor de temas ainda como a relação entre o Direito de Família e o Direito Internacional Privado.

Finalmente, com o Decreto nº 8.662, de 05 de abril de 1911, publicado no Diário Oficial da União – Seção 1 de 07.06.1911, que aprovava novo regulamento para as Faculdades de Direito no país, é criada formalmente a cadeira de Direito de Família. No art. 17 do referido Decreto, o Direito de Família, então chamado de "Direitos de Família" passa a ser ofertada como a primeira disciplina da grade de Direito Civil. Estima-se, portanto, que a partir de 1912, de maneira regular, a disciplina de Direito de Família passou a ser ministrada, ininterruptamente, nos Cursos de Graduação em Direito no Brasil, como sendo uma disciplina obrigatória. Clóvis Bevilácqua registra essa passagem histórica para o ensino da matéria no Brasil:

> Foram publicados os decs. nº 8.659 e 8.662, de 5 de abril de 1911, assinados pelo ministro Ridávia Correia, que, mais uma vez, reformaram o ensino. O Curso de Direito ficou distribuído em seis séries: 1ª, introdução geral do estudo do Direito ou enciclopédia jurídica; Direito público e constitucional; 2ª, Direito internacional público e privado, e diplomacia; Direito administrativo; economia política e ciência das finanças; 3ª, Direito romano, Direito criminal (1ª parte); Direito Civil (direitos de família); 4ª, Direito criminal, especialmente militar e regime penitenciário; Direito Civil (Direito das obrigações, e direitos reais); Direito comercial (1ª parte); 5ª, Direito civil das sucessões; Direito comercial, especialmente marítimo, falência e liquidação judicial; medicina pública; 6ª, Teoria do processo civil e comercial; prática do processo civil e comercial; teoria e prática do processo criminal.

A data de 1912 coincide, historicamente, com a mudança do Curso de Direito do Recife para o nobre e belíssimo prédio onde se encontra, até hoje, a Faculdade de Direito do Recife. De certa forma, para a experiência nordestina, é possível dizer que a disciplina Direito de Família nasce já no ambiente histórico e imponente do impactante edifício na praça Adolfo Cirne, centro do Recife.[53]

---

[53] O Regimento Interno da Faculdade de Direito do Recife já previa, em 1916, especificamente a disciplina "Direitos da Família", ministrada no segundo ano do Curso de Direito. Senão vejamos: "O curso de direito será dividido em 5 annos e constará das matérias seguintes: 1º

Com a codificação civil de 1916, a matéria de Direito de Família ganha destaque e definitiva autonomia científica no país, pois que passa a abrir a Parte Especial da Codificação, imediatamente após a Parte Geral. Mais uma vez, recorremos a Haroldo Valladão, que referenda a continuidade, por parte do trabalho de Clóvis Bevilácqua, da construção elaborada por Teixeira de Freitas, e a influência do Código alemão, na divisão dos temas da parte especial:

> A grande empresa jurídica na República foi a promulgação de um código civil para o Brasil. [...] Na classificação das matérias, seguindo Freitas, com a Parte Geral, na Parte Especial, o Código alemão e Coelho Rodrigues, mas colocando em primeiro lugar o Direito de Família.[54]

Depois da entrada em vigor do Código Civil, a matéria passou a ser, progressivamente, sistematizada nos termos da codificação. De início, houve adaptações e anotações a obras anteriores ao Código Civil, como é o caso do notório trabalho de José Bonifácio de Andrada e Silva, de 1919, sobre o livro de Lafayette Rodrigues Pereira. Algum tempo depois, exemplificativamente, surge a coleção "Código Civil brasileiro interpretado: principalmente sobre o ponto de vista prático", em vinte e oito volumes, de J. M. Carvalho Santos, cuja primeira edição é de 1934.

Posteriormente, sobretudo a partir da segunda metade do século passado, coleções doutrinárias importantes foram surgindo, também como exemplo, os três volumes de Direito de Família do *Tratado de Direito Privado*, de Pontes de Miranda, publicado a partir de 1954; o livro "Direito de Família" de Orlando Gomes, de 1968; o volume de Direito de Família da coleção "Instituições de Direito Civil", de Caio Mário da Silva Pereira, de 1961.

Forte na construção bibliográfica destes e de outros eminentes juristas, o Direito de Família se consolidou definitivamente na literatura jurídica nacional, e foi sistematicamente aplicado e lecionado pelos professores da matéria, em incontáveis cursos de Direito, país afora.

---

anno – Pliilosophia do Direito. Direito Publico e Constitucional. Direito Romano. 2º anno – Direito Internacional Publico. Economia Politica e Sciencias das Finanças. Direito Civil (Parte geral e direito das familias) 3º anno – Direito Commercial (Parte geral, sociedade e contractos). Direito civil (causas e successões). Direito Penal. 4º anno – Direito Commercial (Falleneias e marítimo) Direito Penal (continuação do 3º anno, systemas penitenciários e Direito Penal Militar). Direito civil (obrigações) Theoria do processo civil e commercial. 5º anno – Pratica do Processo civil e commercial. Theoria e Pratica do Processo Criminal" (REGIMENTO da Faculdade de Direito do Recife, 1916).

[54] VALLADÃO, 1977, p. 181.

PARTE II

A PRÁTICA DOCENTE DE DIREITO DE FAMÍLIA NO BRASIL

Nesta segunda parte, são apresentados os resultados da pesquisa realizada com professores de Direito de Família de todos os Estados do país. Ao todo, 120 (cento e vinte) professores de Direito de Família responderam ao questionário que contava com 26 (vinte e seis) perguntas, algumas com resposta abertas e livres e outras com respostas direcionadas em alternativas pré-definidas.

A pesquisa foi realizada em parceria com o Instituo Brasileiro de Direito de Família – IBDFAM, com termo de cooperação específico para este fim. O questionário ficou hospedado no Portal Nacional do IBDFAM por 3 (três) meses, de 14 de março de 2019 até 18 de junho de 2019, através de *banner virtual*. O IBDFAM também realizou encaminhamento do *link* da pesquisa através de "mala direta" para todos os associados do Instituto, bem como divulgação através de *Boletim Informativo* e postagem na sua conta do aplicativo Instagram.

CAPÍTULO 10

O PERFIL DOS DOCENTES

A pesquisa foi desenvolvida em três eixos: a) Quem são os professores de Direito de Família do Brasil? b) Dados e informações sobre a disciplina Direito de Família no Brasil; c) O ensino do Direito de Família e questões interdisciplinares. As três seções, com suas respectivas perguntas, bem como o acervo de respostas coletadas, são explicitadas nos itens abaixo.

10.1 Quem são os professores de direito de família no Brasil?

Nesta primeira parte da pesquisa, o objetivo é identificar quem são os professores de Direito de Família no Brasil, qual sua idade, gênero e formação acadêmica. Tal investigação tem por objetivo traçar um perfil dos docentes da matéria, conhecer suas características pessoais e compreender como tais informações podem impactar na forma de estruturar a disciplina e, principalmente, de refletir sobre tal processo de planejamento jurídico, didático e pedagógico.

Para compreensão da pesquisa, a pergunta feita aos professores é apresentada textualmente. Abaixo, segue o número de respostas que a questão teve e, em seguida, no gráfico com a tabela de valores correspondentes, a representação numérica dos percentuais de cada resposta.

10.1.1 Idade dos professores

Qual a sua idade?
120 respostas

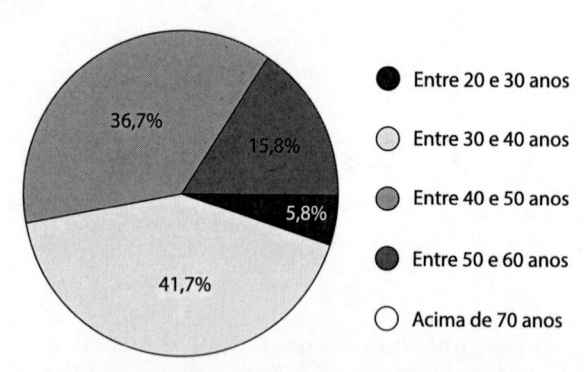

Conforme os dados coletados, a maior parte dos professores de Direito de Família do país, 41,7% (quarenta e um vírgula sete por cento), tem entre 30 (trinta) e 40 (quarenta) anos de idade, caracterizando um percentual de professores jovens ou de meia idade. Em percentual próximo, 36,7% (trinta e seis vírgula sete por cento) dos docentes que responderam à pesquisa têm entre 40 (quarenta) e 50 (cinquenta) anos. Somados, a faixa etária entre 30 (trinta) anos e 50 (cinquenta) anos representa 78,4% (setenta e oito vírgula quatro por cento) dos docentes de Direito de Família do Brasil. Em um percentual menor, professores mais jovens, entre os 20 (vinte) e os 30 (trinta) anos, correspondem a um percentual de 5,8% (cinco vírgula oito por cento). Já os professores com idades entre 50 (cinquenta) e 60 (sessenta) anos, que correspondem a uma classe mais experiente de professores da disciplina, representam o percentual de 15,8% (quinze vírgula oito por cento). Em suma, é possível afirmar que, diante do universo de professores que atenderam à pesquisa, o perfil de docentes de Direito de Família no país é relativamente jovem. Não houve respostas sobre docentes com mais de 70 (setenta) anos lecionando a disciplina no país.

10.1.2 O gênero dos professores

Qual o seu gênero?
120 respostas

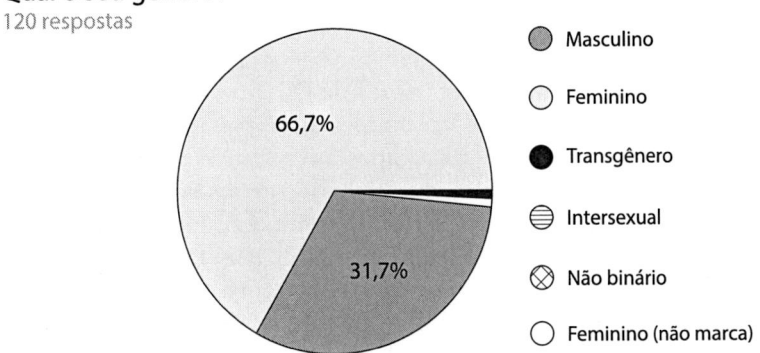

- Masculino
- Feminino
- Transgênero
- Intersexual
- Não binário
- Feminino (não marca)

66,7%
31,7%

A ampla maioria dos professores de Direito de Família no país se identificou como sendo do gênero feminino. 66,7% (sessenta e seis vírgula sete por cento) dos docentes que responderam ao questionário se reportaram ao gênero feminino. Para o gênero masculino, o percentual de respostas foi de 31,7% (trinta e um vírgula sete por cento). Em números muito reduzidos, encontramos também professores que se dizem transgêneros, no percentual de 0,8% (zero vírgula oito por cento).

10.1.3 O nível de formação acadêmica dos docentes

Qual seu nível de formação acadêmica?
120 respostas

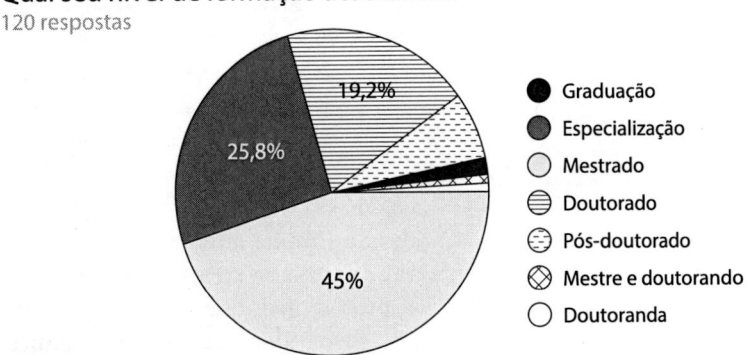

- Graduação
- Especialização
- Mestrado
- Doutorado
- Pós-doutorado
- Mestre e doutorando
- Doutoranda

19,2%
25,8%
45%

A terceira pergunta diz respeito a importante dado acadêmico. Trata-se do nível de formação dos professores de Direito de Família. Os níveis apresentados como alternativas aos docentes foram: Graduação, Especialização, Mestrado, Doutorado, Pós-Doutorado. Além dessas opções, também foi permitido que os professores respondessem a questão de maneira individualizada, sobretudo para aqueles que, uma vez já atingido determinado nível de formação, continuavam em curso de nível superior como, por exemplo, aqueles que já tinham alcançado o nível de Mestrado e estão atualmente cursando o Doutorado.

A maior parte dos professores de Direito de Família no Brasil está, atualmente, no nível de Mestrado, o que representa 45% (quarenta e cinco por cento) do total das respostas cadastradas. 25,8% (vinte e cinco vírgula oito por cento), ou seja, pouco mais de um quarto dos entrevistados afirmou ser especialista, grau acadêmico considerado mínimo para os padrões de ensino superior no país. Já 19,2% (dezenove vírgula dois por cento) dos professores atingiram o nível de Doutorado. Chama bastante atenção o número de professores que declararam o nível acadêmico de Pós-Doutorado, em surpreendentes 5,8% (cinco vírgula oito por cento).

10.1.4 Docentes especialistas na área de Direito de Família (ou não)

O(a) Sr.(a) é espacialista na área de Direito de Família ou é professor de áreas afins, que se dispõe a cumprir a função de docente da matéria?
120 respostas

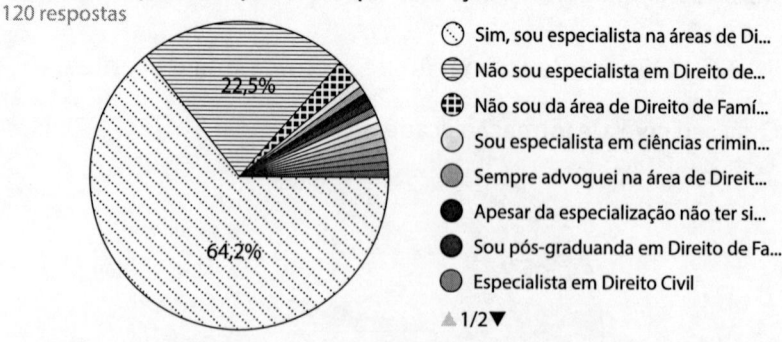

- ◔ Sim, sou especialista na áreas de Di...
- ◒ Não sou especialista em Direito de...
- ⊞ Não sou da área de Direito de Famí...
- ◯ Sou especialista em ciências crimin...
- ◯ Sempre advoguei na área de Direit...
- ● Apesar da especialização não ter si...
- ● Sou pós-graduanda em Direito de Fa...
- ● Especialista em Direito Civil

▲ 1/2 ▼

Uma matéria como o Direito de Família que, nos últimos vinte anos, teve um desenvolvimento e aprofundamento sem precedentes no ramo jurídico exige, cada vez mais, profissionais que sejam especialistas na área e que possam dar vazão às demandas técnicas e acadêmicas exigidas pelo conteúdo familiarista e suas peculiaridades. Para os professores, tal demanda de especialização na área é ainda maior, sobretudo em face do rigor científico que o ramo vem desenvolvendo no Brasil.

Ao serem questionados sobre a sua formação específica na área de Direito de Família, 64,2% (sessenta e quatro vírgula dois por cento) dos docentes que responderam à pesquisa afirmaram ser especialistas na matéria.

Já 22,5% dos entrevistados informaram não ser especialista na área, embora sejam professores da matéria em cursos de Graduação em Direito. São profissionais que asseguram trabalhar com áreas afins ao Direito de Família, mas que se dispõem a lecionar a matéria. Apenas 3,3% (três vírgula três por cento) dos professores asseguraram que não são da área específica nem correlata, isto é, seriam professores que não possuem nenhuma formação direta no conteúdo familiarista mas ainda assim estariam lecionando a matéria.

De um modo geral, somados os dois primeiros índices (dos que são diretamente da área e dos que são de áreas afins), chegar-se-ia a um total de 86,7% (oitenta e seis vírgula sete por cento) de professores vinculados ao Direito de Família, em maior ou menor grau, números que são bastante satisfatórios.

Vários outros professores afirmaram não ser especialistas no Direito de Família, mas que teriam realizado pesquisas, sobretudo em nível de Mestrado e Doutorado, na área específica ou correlata ao Direito de Família.

10.1.5 Exercício de outra atividade profissional além da docência

O(a) Sr.(a) exerce, além da atividade acadêmica, outra atividade profissional? Se sim indicar qual. Esta outra atividade é ligada diretamente ao Direito de Família?

120 respostas

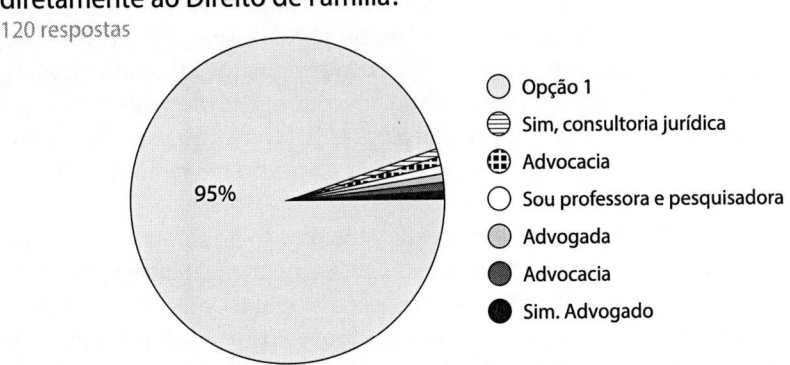

Quando perguntados se são professores de dedicação exclusiva às atividades acadêmicas (ensino, pesquisa e extensão), ou se exercem outras atividades paralelas ao ensino, quase a totalidade dos entrevistados, 95% (noventa e cinco por cento), afirmaram trabalhar em outras áreas além do ensino, e apenas 5% (cinco por cento) são dedicados unicamente à docência.

Das respostas obtidas, quase que a totalidade afirmou ser advogado, cuja atuação está vinculada, de forma direta ou indireta, ao Direito de Família. Em um percentual menor há outras atividades profissionais, como juízes, promotores de justiça, oficiais de justiça, servidores públicos de uma forma geral, dentre outros.

10.1.6 Tempo de ensino do Direito de Família

Há quanto tempo leciona a disciplina Direito de Família?
120 respostas

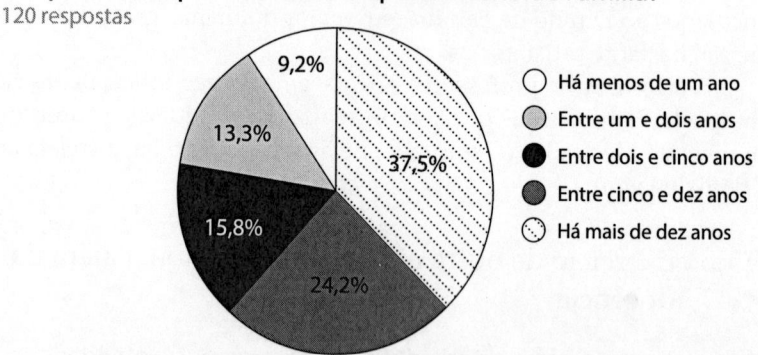

A sexta questão apresentada aos professores de Direito de Família do Brasil investiga há quanto tempo o docente exerce a atividade nesta área específica. As respostas foram as seguintes: 37,5% (trinta e sete vírgula cinco por cento) dos docentes informam que lecionam a matéria há mais de dez anos, representando um contingente de professores mais experientes e maduros na atribuição. 24,2% (vinte e quatro vírgula dois por cento) dos professores exercem a docência no ramo familiarista entre cinco e dez anos.

15,8% dos professores estão ensinando a matéria no período que varia entre dois e cinco anos. 13,3% (treze vírgula três por cento) estão na sala de aula responsáveis pela disciplina de Direito de Família entre um e dois anos. E, por fim, 9,2% (nove vírgula dois por cento) são professores que estão iniciando na atividade da disciplina e leciona há menos de um ano.

Cumpre destacar que, somados os percentuais dos professores que estão trabalhando com a disciplina há menos de cinco anos, chegar-se-ia a um patamar alto, de 38,3% (trinta e oito vírgula três por cento), com pouca experiência na atividade.

10.1.7 Nível de satisfação com os resultados obtidos em sala de aula, na disciplina Direito de Família

Qual seu sível de satisfação com os resultados obtidos pelos alunos na relação ensino-aprendizagem da Disciplina Direito de Família?

120 respostas

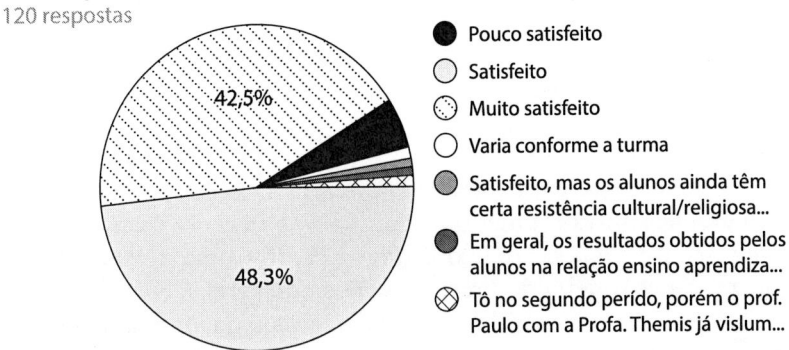

- ● Pouco satisfeito
- ○ Satisfeito
- ◌ Muito satisfeito
- ○ Varia conforme a turma
- ◍ Satisfeito, mas os alunos ainda têm certa resistência cultural/religiosa...
- ● Em geral, os resultados obtidos pelos alunos na relação ensino aprendiza...
- ⊗ Tô no segundo perído, porém o prof. Paulo com a Profa. Themis já vislum...

Ao serem questionados sobre seu grau de satisfação com os resultados obtidos pelos alunos na relação de ensino-aprendizagem na disciplina Direito de Família, 48,3% (quarenta e oito vírgula três por cento) dos docentes se disseram satisfeitos. Já 42,5% (quarenta e dois vírgula cinco por cento) se declararam muito satisfeitos, o que revela um percentual significativo e positivo nos dois primeiros grupos.

Apenas 5,8% (cinco vírgula oito por cento) se dizem pouco satisfeitos com os resultados obtidos. Outras respostas também foram apresentadas, como dificuldades culturais dos alunos para lidar com a matéria de temas vanguardistas, como o Direito de Família, assim como percalços de matriz religiosa contra o atingimento dos objetivos dos professores em face dos discentes.

Estes números estão relacionados, também, ao grau de motivação dos professores para estar em sala de aula, sendo uma atividade reflexiva sobre a própria atividade docente como um todo, sobre o contexto do ensino na atualidade do país, bem como sobre o perfil do próprio alunado (interesse, comprometimento e participação).

10.2 Dados e informações sobre a disciplina direito de família no Brasil

Nesta segunda seção, a pesquisa revela dados e informações sobre a construção do Direito de Família enquanto disciplina no Curso de Direito. São apresentadas informações técnicas e números relativos a estatísticas sobre temas como ementas, número de semestres em que a disciplina é ministrada, principais autores indicados na bibliografia e carga-horária do componente curricular Direito de Família, dentre outros.

10.2.1 A ementa da disciplina Direito de Família

Qual a ementa da disciplina Direito de Família que o Sr.(a) ministra?
70 respostas

A elaboração da ementa da disciplina, conforme se verá mais adiante, constitui elemento de reflexão do docente da matéria, no contexto do Projeto Político Pedagógico do Curso de Direito e da liberdade de cátedra do professor. De modo geral, a ementa é relativamente fixa, não podendo ser livremente alterada. As adaptações que se fazem necessárias são, no mais das vezes, aprovadas pelo Colegiado do Curso, pelo Colegiado do Departamento, ou pelo Núcleo Docente Estruturante.

Por essa razão, as ementas são extremamente variáveis. Algumas mostram certo tradicionalismo na constituição da matéria, enquanto outras revelam um curso mais de vanguarda, arrojado e arejado nas suas propostas de ensino do Direito de Família. O encadeamento dos temas ao longo da ementa também é bastante variado. O cuidado dos docentes responsáveis pela disciplina em mantê-la atualizada e dialogando com as transformações da matéria representa um curso de Direito de Família voltado para o futuro. A título ilustrativo, são transcritas algumas das ementas trazidas pela pesquisa, mas sem individualizar a Instituição de Ensino Superior correspondente:

Família. Casamento. Formalidades preliminares do casamento. Impedimentos matrimoniais. Celebração do casamento. Provas do casamento. Ineficácia do casamento. Disposições penais relativas ao casamento. Efeitos jurídicos do casamento. Direitos e deveres do marido e da mulher. Regime de bens entre os cônjuges. Regime universal. Regime de comunhão parcial. Regime de separação. Regime dotal. Dissolução da sociedade conjugal. Parentesco. Filiação. Adoção. Poder familiar. Alimentos. Tutela. Curatela. Ausência. A união estável. A família monoparental. As relações homoafetivas.

Direito de família constitucional. Filiação. Parentesco. Casamento. Regime de bens. Divórcio e separação. União estável. Poder familiar. Guarda. Alimentos. Tutela e curatela.

Direito de família. A família como especial proteção do Estado. Princípios constitucionais. Evolução histórica. A propriedade, a religião e o afeto como fontes de formação familiar. As várias espécies da formação familiar. Casamento. Habilitação. Celebração. Pacto antenupcial. Regime de bens. Nulidade e anulação. Separação e divórcio.

Evolução do Direito de família; análise comparativa com código de 1916 e 2002. Constituição e Direito das famílias. Casamento; união estável; poliamor; regime de bens; pacto antenupcial; alimentos, alienação; bem de família; parentalidade socioafetiva; princípios do direito da família.

Família: Transformações e ruptura. As reformas contemporâneas. Tendências. Direito matrimonial; direito parental; direito assistencial. Comunidade de sangue. Comunidade de afeto. A filiação dentro e fora do casamento. União conjugal. Parentesco. Alimentos. Tutela. Curatela.

Conceito, natureza e características. Casamento: natureza jurídica, pressupostos, impedimentos, celebração, provas e invalidade. Casamento putativo. Efeitos jurídicos do casamento. Regime de bens. Da proteção da pessoa dos filhos. Dissolução da sociedade e do vínculo conjugal. União estável. Relações de parentescos: filiação e reconhecimento de filhos fora do casamento. Alimentos. Da tutela e da curatela. Da ausência.

Direito de Família. Noções gerais, conceito e evolução. Casamento: promessa; capacidade para o casamento, processo de habilitação, impedimentos e causas suspensivas. Celebração, provas e espécies do casamento; da inexistência da invalidade e da eficácia do casamento. Da dissolução da Sociedade e do vínculo conjugal: da Separação consensual e litigiosa; do divórcio e da proteção dos filhos. Das relações de parentesco: disposições gerais, filiação e reconhecimento dos filhos, da adoção e do poder familiar. Alienação parental: Conceito e aspectos da Lei nº 12.318/2010. Do Direito Patrimonial: Regime de Bens entre os cônjuges. Do Usufruto e da Administração dos bens dos menores; dos alimentos e do bem de Família. Da União Estável e do Concubinato. Da tutela e Curatela. Lei nº 11.441/07: Separação e Divórcio Consensual pela via administrativa.

Direito das Famílias. Conceito e tipicidade das formas de família. A família e o pensamento civil-constitucional. A família tradicional e os novos modelos constitucionais. O casamento: planos da existência, validade e eficácia. Invalidade do Casamento: Nulidade e anulabilidade. União Estável x Concubinato. União homoafetiva. Parentalidade e genética. Situação dos filhos. Autoridade Parental. Regime de bens. Alimentos. Guarda, Adoção, Tutela, curatela. Direitos dos filhos; Dissolução do casamento: Divórcio. Alimentos; Aspectos processuais no Direito de Família. A família e seus reflexos na ordem internacional.

Aspectos Gerais das famílias contemporâneas e analogia com a família do ordenamento anterior. Casamento: elementos, habilitação, celebração, efeitos, invalidades. Dissolução das entidades familiares válidas. Filiação e Parentesco. Poder familiar. Direitos patrimoniais: regimes de bens. Bem de família. Alimentos. União estável. Família monoparental. Proteção a incapazes.

Famílias e Direito de Família: origem, evolução histórica e legislativa, conceitos, função social e conteúdo; princípios e análise conforme Constituição Federal de 1988. Casamento. União estável. Regime de bens. Parentesco. Filiação. Poder familiar. Guarda. Alimentos. Bem de família. Adoção. Tutela e Curatela.

Família. Casamento e sociedade conjugal. Habilitação para o casamento; impedimentos matrimoniais; casamento nulo, anulável e inexistente. Casamento putativo. Efeitos jurídicos do casamento. Direitos e deveres dos cônjuges. Regimes de bens. Dissolução da sociedade conjugal. Bem de família. Direito parental. Relações de parentesco. Filiação. Paternidade presumida. Alimentos. Direito protetivo. Lei nº 11.340/2006.

10.2.2 Semestres letivos dedicados à disciplina Direito de Família

Em quatro semestres letivos a disciplina é ministrada?
120 respostas

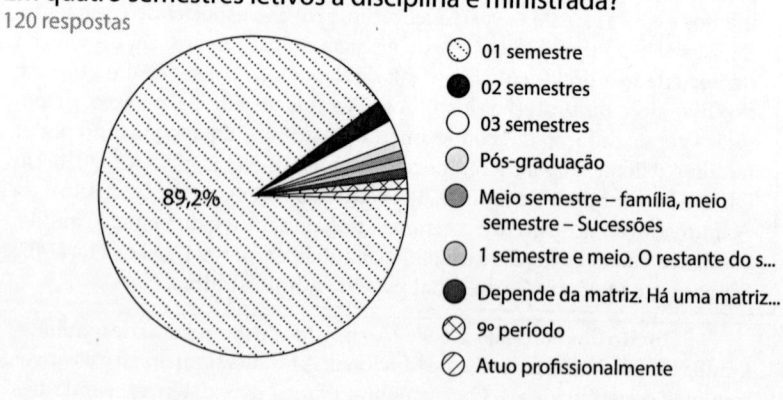

- 01 semestre
- 02 semestres
- 03 semestres
- Pós-graduação
- Meio semestre – família, meio semestre – Sucessões
- 1 semestre e meio. O restante do s...
- Depende da matriz. Há uma matriz...
- 9º período
- Atuo profissionalmente

89,2%

Na imensa maioria dos Cursos de Direito, a disciplina Direito de Família é ministrada ao longo de um único semestre. Tal informação corresponde à tradição do ensino jurídico no Brasil que, conforme reportado anteriormente no recorte histórico sobre o ensino da matéria, desde 1912 o assunto vem sendo trabalhado em um semestre. Tal dado corresponde a 89,2% (oitenta e nove vírgula dois por cento) dos professores que responderam à pesquisa.

Em menor proporção, 3,3% (três vírgula três por cento) temos casos de disciplinas de Direito de Família trabalhadas em dois semestres letivos (um ano inteiro de aulas do assunto). Apenas 2,5% (dois vírgula cinco por cento) dos professores informaram que a matéria é analisada em três semestres, ou seja, um ano e meio de aula.

Outras respostas pontuais indicam situações ainda mais específicas como, por exemplo, meio semestre de Direito de Família (a outra metade seria de Sucessões), o que indicaria um volume muito pequeno de aulas específicas para a os temas familiaristas.

10.2.3 Principais autores recomendados na bibliografia de Direito de Família

Quais os principais autores que compõem a bibliografia recomendada pelo Sr.(a) para a disciplina Direito de Família?

99 respostas

A indicação bibliográfica da disciplina se divide, tradicionalmente, em dois grupos: bibliografia básica e bibliografia complementar. A bibliografia básica consiste no rol de autores e obras que são consideradas leituras essenciais para a compreensão da matéria por parte dos discentes.

Já a bibliografia complementar indica autores e obras que sirvam como leituras de aprofundamento ou que tragam aprofundamento em tópicos específicos, cuja análise na bibliografia básica não seja suficiente, no contexto metodológico construído pelo docente responsável pelo componente curricular.

A liberdade de indicação dos autores e obras, com suas respectivas edições, devem estar em consonância com o acervo da biblioteca física ou virtual, afinal o material bibliográfico indicado deve estar disponível para leitura, consulta e reflexão crítica dos alunos.

Tal qual a ementa, a bibliografia é variável. Abaixo estão listados, em primeiro lugar e em ordem alfabética os autores e obras mais citados nas respostas dos professores de Direito de Família. Em segundo lugar, o rol de autores também citados, mas com menor frequência. Por fim, são apresentados outros autores mencionados pelos docentes, mas sem indicação da obra específica:

10.2.3.1 Autores e obras mais citados, em ordem alfabética

DIAS, Maria Berenice. *Manual de Direito das Famílias*. 8. ed. São Paulo: Revista dos Tribunais, 2011.

FARIAS, Cristiano Chaves; ROSENVALD, Nelson. *Direito das Famílias*. Rio de Janeiro: Lumen Juris, 2018.

GONÇALVES, Carlos Roberto. *Direito Civil Brasileiro. Direito de Família*. São Paulo: Saraiva, 2019.

LÔBO, Paulo. *Famílias*. 7. ed. São Paulo: Saraiva, 2017.

MADALENO, Rolf. *Curso de Direito de Família*. Rio de Janeiro: Forense, 2017.

TARTUCE, Flávio. *Direito Civil*: Direito de Família. 12. ed. Rio de Janeiro: Forense/GEN, 2018.

10.2.3.2 Autores citados, mas com menor frequência

DABUS MALUF, Carlos Alberto; DABUS MALUF, Adriana Caldas do Rego Freitas. *Curso de Direito de Família*. São Paulo: Saraiva: 2013.

DINIZ, Maria Helena. *Curso de Direito Civil brasileiro*. 31. ed. São Paulo: Saraiva 2017.

MONTEIRO, W. de B; SILVA, Regina Beatriz Tavares da. *Curso de Direito Civil*: Direito de Família. 43. ed. São Paulo: Saraiva, 2016.

VENOSA, Sílvio de Salvo. *Curso de Direito Civil*. Direito de Família. São Paulo: Atlas, 2017.

10.2.3.3 Outros autores citados, sem indicação das obras

- Ana Carolina Brochado Teixeira;
- Conrado Paulino da Rosa;
- Giselda Novaes Hironaka;
- José Fernando Simão;
- Luiz Edson Fachin;
- Thiago Felipe Vargas Simões;
- Rodrigo da Cunha Pereira;
- Zeno Veloso;

10.2.4   Carga-horária da disciplina Direito de Família

Qual a carga-horária da disciplina Direito de Família?
120 respostas

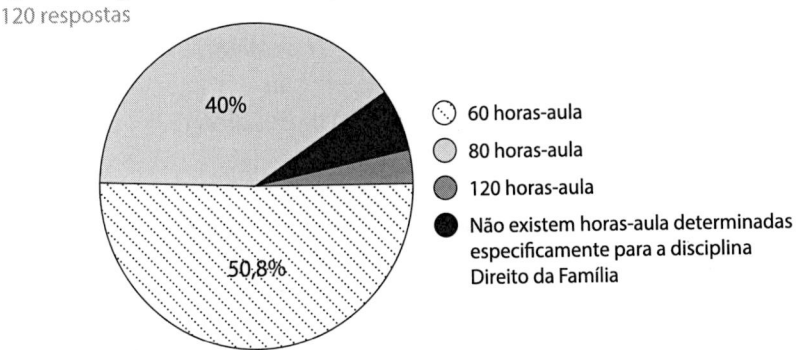

Na maior parte das Instituições de Ensino Superior analisadas na pesquisa, a disciplina Direito de Família é ministrada com carga-horária de 60 (sessenta) horas-aula. Isso significa, em média, dois encontros semanais, cada encontro com duas aulas de 50 (cinquenta) minutos cada. 50,8% (cinquenta vírgula oito por cento) dos professores entrevistados se manifestaram no enquadramento dessa carga-horária.

Outras disciplinas de Direito de Família têm configuração diferente, sendo ministradas em 80 (oitenta) horas-aula, correspondente a 40 (quarenta) por cento dos entrevistados. Talvez essa seja a distribuição ideal para o extenso conteúdo da matéria na atualidade.

Apenas 3,3% (três vírgula três por cento) dos professores indicaram disciplinas de Direito de Família com carga-horária de 120 (cento e vinte) horas, que embora não seja o ideal, representaria tempo de sala aula suficiente para analisar todo o conteúdo do componente curricular e ainda aprofundar alguns temas, realizar atividades extracurriculares e fazer estudo comparativo com matérias de disciplinas transversais ao tema.

Finalmente, para 5,8% (cinco vírgula oito por cento) dos professores entrevistados relataram que nas suas Instituições de Ensino Superior não há carga-horária definida para a matéria. São hipóteses de Cursos de Direito em que os temas de Direito de Família são lecionados no âmbito geral do Direito Civil, separadamente, ou em conjunto com outras disciplinas como, por exemplo, Direito de Família e Contratos, ou Direito de Família e Direitos Reais.

10.2.5 Sobre a existência de disciplinas optativas/ eletivas/complementares sobre o tema "Direito de Família"

Na Universidade/Faculdade/Centro Universitário em que o Sr.(a) leciona, existem disciplinas optativas/eletivas/complementares sobre o tema "Direito de Família"? Se sim, favor descrever

120 respostas

A maioria dos professores informou que não há, na grade curricular do Curso de Direito onde lecionam, disciplinas que sirvam para aprofundar ou tratar de temas específicos do Direito de Família, sobretudo temas que, em face da extensão do conteúdo e da carga-horária disponível, não podem ser analisados com o devido rigor teórico e abordagem prática devida.

Poucos docentes responderam que "sim" para a existência de disciplinas optativas e eletivas do Direito de Família. As indicações de disciplinas complementares (na ordem de indicação) foram as seguintes: **Aspectos Práticos do Direito de Família, Direito de Família Aplicado, Leis Especiais de Direito de Família.**

Na maior parte dos casos, foram indicadas disciplinas correlatas ao tema, correspondendo ao critério de transversalidade e interdisciplinaridade. As disciplinas complementares mais citadas (na ordem de indicação) foram as seguintes: **Direito da Infância e Juventude, Mediação, Conciliação, Arbitragem, Atribuições do Ministério Público, Direito Civil Contemporâneo, Direito das Sucessões, Bioética e Biodireito, Direito e Fraternidade, Psicologia Jurídica, Direito sistêmico.**

10.2.6 Perspectivas religiosas na disciplina Direito de Família

Perspectivas religiosas são levadas em consideração nas suas aulas?
120 respostas

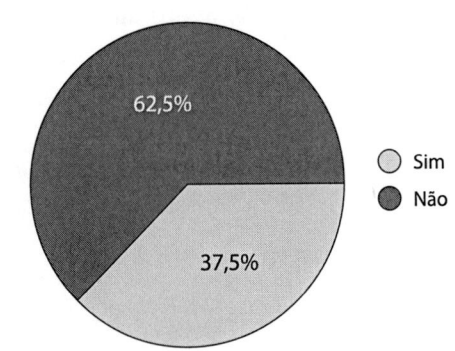

Dado de grande relevo para contextualizar a forma como o Direito de Família é ensinado nos Cursos de Graduação em Direito diz respeito às questões religiosas e suas perspectivas. Tradicionalmente, Direito de Família e religião vêm gerando profundos conflitos. Parte da doutrina, por exemplo, defende a laicidade do Direito de Família. Mas é possível encontrar, no Brasil, grupos religiosos que procuram influenciar, direta ou indiretamente, na interpretação dessas questões. No mesmo sentido, cumpre registrar que há diversas Instituições de Ensino Superior mantidas por igrejas e organizações religiosas.

A maioria dos professores informa que não leva em consideração, durante suas aulas de Direito de Família, a perspectiva religiosa, correspondente a 62,5% (sessenta e dois vírgula cinco por cento). Já 37,5% (trinta e sete vírgula cinco por cento) declaram que sim, levam em considerações questões religiosas no contexto do Direito de Família. Note-se que a diferença entre os percentuais não é tão significativa, mostrando que os professores da matéria estão relativamente divididos sobre o assunto.

10.2.7 Questões de ordem regional ou local/econômicas no desenvolvimento da disciplina

Questões de ordem regional ou local/econômicas são levadas em consideração no desenvolvimento da disciplina?
120 respostas

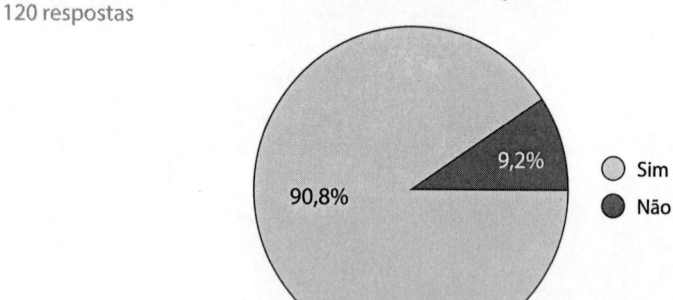

Parte significativa dos professores afirmou que contextualizam suas aulas de Direito de Família com aspectos regionais ou locais, além de conteúdo de ordem econômica. 90,8% (noventa vírgula oito por cento) dos docentes fazem essa interligação entre o Direito de Família a realidade na qual os alunos estão inseridos. Tal perspectiva dá dinamicidade às aulas, além de tornar o assunto sensivelmente mais real, vinculado ao dia a dia da sociedade e tornando as aulas mais compreensíveis, principalmente em um país de dimensões continentais, como o Brasil.

Apenas 9,2% (nove vírgula dois por cento) dos professores responderam que não fazem tal contextualização com regionalismos e idiossincrasias de cada ambiente em que o Curso de Direito está inserido. Provavelmente, tais professores cuidam da matéria como se fosse constituída por um conteúdo abstrato e pouco afeito às peculiaridades locais.

10.2.8 Recursos tecnológicos disponíveis para a disciplina Direito de Família

Existem recursos tecnológicos disponíveis e utilizados pelo professor na disciplina Direito de Família? Em caso afirmativo, quais?
103 respostas

95% (noventa e cinco por cento) dos professores que responderam a essa questão sobre a disponibilidade e uso de tecnologias na disciplina afirmaram que usam tais recursos em suas aulas. Apenas 5% (cinco por cento) disseram não dispor de recursos de ordem tecnológica, ou que tais recursos, embora disponíveis na Instituição de Ensino Superior, não são utilizados nas aulas de Direito de Família. Para esta minoria, a justificativa principal é que as aulas de Direito de Família ainda são lecionadas de forma eminentemente expositivas.

Dentre os recursos disponíveis e utilizados, citamos a seguir os mais indicados nas respostas abertas: Biblioteca digital e acesso a bases de dados para pesquisa; *Data show*; Filmes, documentários e vídeos em geral; aula virtual e multimídia em sala de aula física com conexão integral; aplicativos como o *Google Classroom*; ferramentas digitais, como plataforma *on-line* e sistema de multimídia.

10.2.9 Reformulação periódica do Plano de Curso e atualização da ementa e da bibliografia de Direito de Família

De quanto em quanto tempo o Sr.(a) reformula seu Plano de Curso e atualiza a ementa e a bibliografia da disciplina Direito de Família?

120 respostas

Segundo a maior parte dos professores, a reformulação do Plano de Curso e a atualização da ementa da bibliografia de Direito de Família é feita semestralmente. Alguns professores relataram que atualizam estes dados pedagógicos uma vez por ano. Para outros, em número mais reduzido, a cada dois anos. Mais raros ainda, forma os que informaram que tal modificação se dá a cada cinco anos, que é um prazo excessivamente elástico para tanto.

Existe a ressalva feita por vários professores, haja vista se tratar de respostas abertas e livres (e não direcionadas), no sentido de que teriam somente autonomia para revisar o Plano de Curso, a ementa e a bibliografia necessitariam da chancela do Departamento ao qual estariam vinculados, ou mesmo ao Colegiado de Curso do qual fazem parte, por ser essa uma deliberação coletiva entre professores da mesma área.

Já outros informam que a ementa e plano de curso são atualizados diretamente pela instituição, sem gerência do docente da disciplina. Tais situações implicam, decerto, em instituições que funcionam como grandes empresas e grupos econômicos, que trabalham com disciplinas padronizadas nos cursos que ministram em diferentes cidades. Tal ausência de autonomia é preocupante, pois tira do professor a possibilidade de adaptar a construção da disciplina a aspectos regionais e peculiaridades de cada grupo de alunos.

Certos professores enfatizam a constante atualização da matéria, como alguns relatos que podem ser verificados: "Sempre que surge algo novo na disciplina, busco incluir. Alteração em lei, um novo material de estudo etc."; ou "Não tenho competência para alterar a ementa da disciplina. No entanto, não deixo de atualizar a aula, debatendo temas importantes". Já outros professores relatam atualização semanal: "O Plano é fornecido pela instituição; contudo, a atualização se dá de forma semanal, quando leio os boletins do IBDFAM no fim de semana". Tal velocidade de atualização deixa a disciplina significativamente mais dinâmica, mas em compensação pode ser prejudicial, pois tal manejo não é feito de foram sistemática, refletida e planejada.

10.2.10 Sobre a biblioteca física e/ou digital, bem como sobre a existência de livros de Direito de Família atualizados para consulta

A biblioteca (física ou digital) do Curso de Direito onde o Sr.(a) leciona tem livros de Direito da Família atualizados?

120 respostas

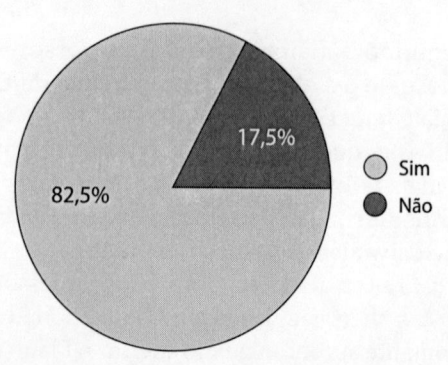

A importância de uma boa biblioteca, vasta e atualizada, é notória para todos os cursos superiores. Mas para o Curso de Direito, em face da altíssima carga de leitura e reflexão críticas exigidas, tal importância ocupa um espaço ainda maior. Tradicionalmente as bibliotecas dos cursos jurídicos eram compostas por acervo físico, em que os alunos podiam tomar por empréstimo para estudo e posterior devolução. Tais livros físicos, muitas vezes, logo ficavam desatualizados, em face das repetitivas e constantes alterações legislativas e jurisprudenciais da matéria.

Mais recentemente, sobretudo por conta das influências da tecnologia, as bibliotecas passaram a ter parte físicas e parte virtuais, ou mesmo quase na totalidade foram virtualizadas. São plataformas digitais com acervo de milhares de livros disponíveis à comunidade acadêmica, com refinados sistemas de busca e de pesquisa, para serem lidos em computadores, *notebooks*, *smartphones* e aparelhos específicos para leitura de textos virtuais. O acesso pode ser feito tanto no ambiente da universidade, quanto fora dela, em casa, em qualquer hora, independentemente do funcionamento das bibliotecas físicas.

É de se reconhecer que os livros digitais democratizaram o acesso à informação jurídica de qualidade, atualizada e de forma mais rápida. No âmbito específico do Direito de Família, cuja produção bibliográfica é intensa, e as alterações jurisprudenciais e legislativas são significativamente velozes, as bibliotecas digitais têm relevo maior.

Sobre a pergunta acerca da existência de livros atualizados de Direito de Família na biblioteca física ou digital na biblioteca da Instituição de Ensino Superior em que o docente leciona, 82,5% (oitenta e dois vírgula cinco por cento) dos professores afirmaram que há, sim, acervo atualizado para a bibliografia da disciplina.

Outros 17,5% (dezessete vírgula cinco por cento) reportaram, infelizmente, que trabalham em Cursos de Direito cujos acervos (físicos e virtuais) de Direito de Família não são atualizados, gerando prejuízos graves e previsíveis, tanto aos alunos quanto aos professores.

10.3 O ensino do direito de família e questões interdisciplinares

Na terceira e última parte da pesquisa sobre o ensino do Direito de Família no Brasil, são tratados os temas da interdisciplinaridade e da transversalidade. O "diálogo" entre os conteúdos do Curso de Direito com o Direito de Família é o foco central das perguntas, que também se prestam a verificar a conexão da parte teórica com a parte prática. Ainda, saber se o professor consegue analisar todo o conteúdo programático da matéria, se utiliza em sala as Leis Civis Especiais do Direito de Família, ou se concentra sua disciplina no Código Civil. Finalmente, interessa saber se o docente utiliza abordagem metodológica de alguma linha interpretativa do Direito de Família (especialmente do Direito Civil

Constitucional ou do Direito Civil Contemporâneo), e se utiliza estudos de casos como recurso pedagógico durante o período letivo.

10.3.1 Correlação entre a disciplina Direito de Família e as disciplinas de Prática Jurídica

Existe correlação efetiva entre a disciplina de Direito de Família e as disciplinas de Prática Jurídica? Se sim, como?

109 respostas

A relação entre a disciplina Direito de Família e as disciplinas de Prática Jurídica consiste na aplicação prática da teoria analisada no âmbito do Direito material. O ideal seria uma concatenação de propostas acadêmicas e metodologias entre as duas disciplinas. O aspecto teórico do Direito de Família é amplo e denso, sendo imprescindível sua aplicação e visão prática que, na instância universitária, somente pode ser realizado mediante as disciplinas de Prática Jurídica.

Por determinação do Ministério da Educação, todos os Cursos de Direito do Brasil precisam ter Escritórios Modelo, também chamados de Núcleos de Prática Jurídica. Em tais centros de atividades práticas do Direito, comumente, o maior número sempre é relacionado ao Direito de Família, haja vista o imenso número de demandas da matéria que ocupa o Poder Judiciário brasileiro.

Nos Núcleos de Prática jurídica, os alunos, acompanhados por professores e advogados contratados para esse fim específico, realizam atividades rotineiras de atendimento aos clientes definidos em grupos sociais específicos, normalmente pessoas em situação de vulnerabilidade econômica e/ou social. Petições, audiências, recursos, manifestações, dentre outros, são extremamente complementares para o conteúdo visto em sala de aula na disciplina Direito de Família. É possível dizer, então, que a prática jurídica deveria funcionar como complementação da própria matéria familiarista.

Na pesquisa direcionada aos docentes de Direito de Família do país, 80% (oitenta por cento) informou que há sim inter-relação entre a matéria e a disciplina de prática jurídica. Algumas Instituições de Ensino Superior, inclusive, relataram convênios com a Defensoria Pública do Estado, para fins de atividades de prática jurídica. Apenas 20% (vinte por cento) dos professores informaram que não existe relação entre as duas matérias, ao longo do Curso de Direito.

10.3.2 Interdisciplinaridade entre o Direito de Família e outras disciplinas da Graduação

Existe interdisciplinaridade entre o Direito de Família e outras disciplinas da graduação em Direito? Se sim, como?

109 respostas

A interdisciplinaridade qualifica o que é comum a duas ou mais disciplinas ou outros ramos do conhecimento. É o processo de ligação entre as disciplinas. O Direito de Família, por ser fruto de uma construção social é, por natureza, interdisciplinar. Várias são as possibilidades de "diálogo" entre o Direito de Família e outros ramos do conhecimento jurídico e das ciências humanas em geral.

90% (noventa por cento) dos professores afirmaram sim haver interdisciplinaridade e transversalidade entre o Direito de Família e outras disciplinas. 10% (dez por cento) negaram a interdisciplinaridade com o ramo familiarista, tratando a matéria de forma isolada dos demais componentes curriculares.

Dentre as principais respostas apresentadas pelos docentes na pesquisa, podemos destacar os seguintes vínculos de interdisciplinaridade com o Direito de Família: Filosofia; Sociologia; Antropologia; Processo Civil; Direito Previdenciário; Psicologia Jurídica; Mediação e Conciliação; Direito das Sucessões; Direito Penal; Direito Empresarial; Direitos Humanos; Direito da Infância e Juventude; Prática Jurídica.

Algumas respostas, pelo interesse para este estudo, são transcritas:

> Semestralmente são realizadas aulas ou atividades conjuntas com a disciplina de Psicologia Jurídica e a disciplina de Direito Civil I. Além disso, são abordados temas relacionados ao Direito Previdenciário, Direito Penal e Direito da Infância e Adolescente. Além disso, são realizadas atividades conjuntas entre os cursos de Direito e Psicologia, bem como, são convidados palestrantes das áreas da Psicologia e do Serviço Social que atuam diretamente com temas como adoção e guarda de filhos.

> Por meio das atividades extracurriculares de Práticas Multidisciplinares que são atividades realizadas para todos os anos do curso sob a coordenação de dois professores para cada ano e turno que escolhem com os alunos temas que serão trabalhados nos encontros bimensais que envolvem todas as disciplinas cursadas no bimestre pelos alunos.

> Sim. Com o Curso de Psicologia, através da disciplina de psicologia jurídica e dos eventos de atividades complementares realizados em conjunto.

Sim. Particularmente, faço uso de aspectos relativos a direito processual, direito constitucional e direito da criança e do adolescente, principalmente nas aulas de Direito de Família. Não há, todavia, uma iniciativa institucionalizada de interdisciplinaridade entre as disciplinas na universidade.

Sim. Família e Sucessões, Família e contratos. Existem temas específicos como discutir natureza jurídica do casamento, doação, regime de bens, que dialogam com outras disciplinas em Civil. Além disso, temas como violência doméstica, Direito da criança e do adolescente, que estão em outras matérias do curso de Direito.

10.3.3 Como o Plano de Curso de Direito de Família é construído, e qual a lógica utilizada para o encadeamento dos temas ao longo da disciplina

Como o Plano de Curso da Disciplina é construído? Qual a "lógica" aplicada no desenvolvimento e encadeamento dos temas?

85 respostas

As respostas para essa questão aberta foram as mais variadas possíveis, não comportando análise percentual. De modo geral, os docentes revelam iniciar a construção do Plano de Curso da disciplina a partir da sequência de matérias no Código Civil. Entretanto, em várias respostas, outros critérios são trazidos para o contexto da disciplina, algumas vezes invertendo a ordem de temas, e em outras introduzindo aspectos regionais e econômicos, além do conjunto de decisões dos Tribunais Superiores mais impactantes para o Direito de Família.

Algumas dessas respostas apresentadas são colacionadas a seguir, a título de ilustração:

Parte da questão teórica e legal, fundamentais. Como professora, atualizo constantemente o material com as influências decisórias das Cortes Superiores e qualquer matéria correlata de interesse e/ou repercussão atual na área.

Busca-se desenvolver o plano, conforme sequência dos assuntos presentes no Código Civil, Constituição e legislação esparsa.

Fica a cargo do professor na minha instituição. Procuro adequar o conteúdo às transformações da sociedade e do D. de Família, além de analisar a partir de temas polêmicos (multiparentalidade, poliamor, família multiespécie, por exemplo). Muitas vezes utilizo decisões judiciais para analisar os temas, sob perspectivas críticas.

> Deliberações do Colegiado e Coordenação, em consonância com o contexto atual das Famílias.

> Ordem didática de construção do conteúdo, sigo uma ordem de assimilação do conteúdo das bases principiológicas trazidas na Constituição Federal para depois entrar no Código Civil.

> Procuro trabalhar os temas clássicos e os atuais de forma concatenada. Ou seja, explico que coisas do passado eram outrora rechaçadas e, que hoje são aceitas. A exemplo da união estável, filhos fora do casamento. E também diálogo com a psicanálise.

> Estudo da legislação sempre acompanhada das jurisprudências e das novas leis que surgem durante o semestre. Acompanhada da análise e reflexão das inovações que surgem.

> Leva-se em consideração, primeiramente, a topologia dos temas, da forma que estão dispostos no CC. Contudo também se alocam os temas a partir da atualidade e das discussões mais contemporâneas. Além de se considerar a interdependência entre os temas para privilegiar a didática.

> Traçar um plano didático de apreensão dos conteúdos dos mais principiológicos aos mais específicos, deixando os aspectos práticos para o término colocando, sempre que possível, a experiência dos tribunais e jurisprudência como elemento decisional que atualmente resolve as questões conflituosas. Em face disto a sequência de conteúdo normativo do CCB é alterada e disposta de modo diferenciado. Aspectos subjetivos e afetivos da matéria são tratados primeiro e só depois os aspectos patrimoniais do conteúdo.

> Considerando a realidade sócio regional, analisando e avaliando os casos práticos a temáticas do Direito de Família.

10.3.4 Utilização, em sala de aula, pelo professor, de alguma linha teórica interpretativa do Direito Civil ou do próprio Direito de Família (por exemplo, a linha do Direito Civil Constitucional ou do Direito Civil Contemporâneo)

O(a) professor(a) adota, formalmente, em sala de aula, alguma linha teórica interpretativa do Direito Civil ou do próprio Direito de Família (por exemplo, a linha do Direito Civil Constitucional ou do Direito Civil Contemporâneo)?

106 respostas

Contemporaneamente, no Brasil, alguns professores têm feito opções metodológicas e interpretativas sobre o Direito Civil como um todo, e de forma especial sobre o Direito de Família. Dentre outras, as duas principais correntes têm sido a linha do Direito Civil Constitucional e a linha do Direito Civil Contemporâneo.

41% (quarenta e um por cento) dos professores responderam que utilizam a linha do Direito Civil Constitucional nas aulas de Direito de Família. 35% (trinta e cinco por cento) utilizam a linha do Direito Civil Contemporâneo.

Por fim, 24% (vinte e quatro por cento) dos docentes informam que apresentam ambas as linhas teóricas, mas preferem não adotar especificamente nenhuma das duas correntes, deixando os alunos livres para fazerem suas escolhas teóricas e metodológicas para fins de interpretação da matéria. Algumas dessas respostas apresentadas são colacionadas a seguir, a título de ilustração:

> Não. Apesar de indicarmos determinados autores, os alunos são livres para formularem suas próprias convicções, desde que fundamentadas, ainda que não sejam as minhas.

> Procuro apresentar todas as perspectivas possíveis em face de diversidade de correntes de pensamento correlatos ao Direito de Família. Instigando o debate saudável e a tomada de posição pessoal dos alunos *a posteriori*.

> Não. Procuro sempre ressaltar a existência de vertentes diversas, mas dou liberdade para que o aluno desenvolva o seu próprio raciocínio, a partir dos ensinamentos em sala de aula e da sua experiência como humano.

> Procuro registrar as tendências de forma a manter autonomia do estudante por qual linha seguir.

10.3.5 Análise integral ou parcial do conteúdo de Direito de Família ao longo do período letivo

Consoante exposição de conteúdos que se seguirá na próxima parte deste trabalho, o volume de temas e matérias do Direito de Família no Brasil, atualmente, é bem extenso. A construção da ementa e do plano de curso, pelo professor, precisa levar em consideração todo esse conteúdo, mas em consonância com o tempo disponível para que a disciplina seja ministrada, conforme a carga-horária prevista para o componente curricular.

De forma surpreendente, apenas 63,3% (sessenta e três vírgula três) dos professores de Direito de Família informaram que não conseguem concluir a integralidade do conteúdo da matéria, sobretudo por ser o programa extenso demais para a carga-horária disponível.

Diversas respostas foram apresentadas para justificar a impossibilidade de conclusão do conteúdo na integralidade. Apenas 0,8% (zero vírgula oito por cento) dos professores informam que conseguem cumprir toda a matéria prevista no Plano de Curso, o que representa um sinal de alerta para os professores de Direito de Família do Brasil: ou a carga-horária deve ser ampliada, ou o conteúdo precisa ser dividido, talvez, em duas disciplinas distintas como, por exemplo, Direito de Família I e Direito de Família II.

30% (trinta por cento) dos professores informam que tentam concluir o programa na integralidade, mas que por conta do volume de matérias, vários temas são vistos de forma rápida e superficial, sem o devido aprofundamento necessário para a complexidade do assunto.

10.3.6 Análise, durante a disciplina de Direito de Família, das Leis Civis Especiais do Direito de Família

As Leis Civis Especiais são normas complementares ao Código Civil, e com ele dialogam. Tais normas têm sido elaboradas na perspectiva do processo de descodificação, segundo o qual o Direito de Família estende seus horizontes para temáticas além da regra codificada, ampliando e aprofundando temas específicos. Há matérias que, por sua natureza e especificidade, a norma codificada não comporta, sendo objeto de leis que lhe deem o devido tratamento normativo.

80% (oitenta por cento) dos professores relataram incluir, nas suas aulas, as Leis Civis Especiais do Direito de Família. Apenas 20% (vinte por cento) dos professores afirmaram não utilizar as referidas normas, sobretudo por falta de tempo para tanto, haja vista o volume de conteúdo de Direito de Família ser bastante extenso.

As principais leis tratadas pelos professores, segundo suas respostas abertas, são as seguintes: Lei de Alimentos (Lei nº 5.478/1968); Lei de Alimentos Gravídicos (Lei nº 11.804/2008); – Lei de Investigação de Paternidade (Lei nº 8.560/1992); Leis da União Estável (Lei nº 8.971/1994 e Lei nº 9.278/1996); – Lei do Bem de Família (Lei nº 8.009/1990); Lei da Alienação Parental (Lei nº 12.318/2010).

10.3.7 Utilização regular de estudos de casos na disciplina Direito de Família

A metodologia de estudos de casos (PBL) vem sendo bastante difundida no país, e se baseia na realização de estudos sobre situações hipotéticas, mas que representem casos reais acerca de temas trabalhados em sala. PBL é uma sigla que vem do inglês, *Problem Based Learning*, que representa a Aprendizagem Baseada em Problemas (ABP) e, como o próprio nome diz, é a construção do conhecimento a partir da discussão em grupo de um problema.

90,8% dos professores que responderam à pesquisa afirmaram que utilizam estudos de casos nas aulas de Direito de Família. Essa análise pode ser feita com casos fictícios, montados apenas para a realização das atividades em sala, ou casos reais. É possível utilizar casos concretos de processos judiciais já encerrados e arquivados, ou análise de jurisprudências previamente selecionadas.

Apenas 4,2% (quatro vírgula dois por cento) dos professores afirmaram não utilizar casos concretos nas aulas.

PARTE III

A DISCIPLINA DE DIREITO DE FAMÍLIA E COMO ELA É MINISTRADA NO PAÍS

Na terceira e última parte desta obra, as atenções estão voltadas para a disciplina de Direito de Família, como ela é pensada, planejada e construída pelos docentes, no país. Assim, a liberdade de cátedra é analisada como elemento característico para estruturação das aulas e do contexto geral do componente curricular. São indicadas e revistas as fontes do Direito de Família que precisam ser levadas em consideração pelo docente, assim como as potencialidades e as dificuldades/desafios da matéria, na contemporaneidade. O conteúdo do Direito de Família é identificado, bem como a sugestão bibliográfica de forma detalhada: bibliografia geral brasileira após a Constituição Federal de 1988, a bibliografia brasileira específica e complementar, indicada por grandes divisões do programa para ensino da disciplina Direito de Família e a bibliografia estrangeira.

Identicamente, é apontada uma sugestão de ementa para a matéria, seu conteúdo programático e o plano de aulas para a disciplina semestral de Direito de Família, o cronograma de aulas, assunto por assunto, aula por aula e as indicações de disciplinas complementares e de aprofundamento do tema.

Finalmente, é dado enfoque aos métodos de ensino e de avaliações, através de indicações sugestivas e exemplificativas para construção das aulas e de atividades avaliativas.

CAPÍTULO 11

A LIBERDADE DE CÁTEDRA PARA CONSTRUÇÃO DA DISCIPLINA DE DIREITO DE FAMÍLIA

Inicialmente, urge mencionar que o debate em torno da construção da Ementa e do Plano de Curso de determinada disciplina refle o amadurecimento, entre professores e alunos, da garantia Constitucional da Liberdade de Cátedra, enraizada oportunamente pelo Legislador Constitucional nos incisos II e III do art. 206 da Constituição Federal. Permite, igualmente, compreender o sentido real do processo de aprendizado, dos papéis assumidos pelos docentes e pelos discentes, das perspectivas esperadas pela sociedade das universidades e da reflexão interna acerca da experiência que pode ser colhida no seio acadêmico.

Para tal desiderato, convém especularmos, brevemente, sobre o conteúdo proclamado no art. 205 da Constituição Federal, que reza: "A educação, direito de todos e dever do Estado e da família, será promovida e incentivada com a colaboração da sociedade, visando ao pleno desenvolvimento da pessoa, seu preparo para o exercício da cidadania e sua qualificação para o trabalho". Pelo comando constitucional, fica-nos claro que o processo educativo possui certas finalidades maiores, tendentes ao desenvolvimento de sua personalidade do indivíduo e de suas potencialidades, em busca da concretização da tríade representada por seu desenvolvimento como pessoa, como cidadão e como trabalhador.

Desta maneira, as Instituições de Ensino Superior avocam a si o relevante papel de ajudar a construir e a definir a perspectiva pessoal, cidadã e trabalhadora dos indivíduos. Esse papel somente pode ser efetivado com a liberdade de ensino e com a garantia de que as instituições e seus mestres possam, sem desmandos ou injustiças, cumprir seu mister com independência e autonomia, protegidos da ingerência externa no sagrado seio de seu labor.

Isso não configura, entretanto, poder absoluto ou desmando professoral sobre os seus tutelados, ingerência completa sobre a construção da disciplina (como se ao professor fosse possível ministrar qualquer coisa, de forma aleatória e irresponsável), mas uma importante conquista constitucional em favor do ensino livre, a ponto de configurar a máxima estruturante.

O ensinar é um processo construtivo, não pode ser aprisionado em fórmulas ou objetivações que limitem a autonomia de ponderação do professor. Sobretudo no Direito de Família, o pluralismo de ideias favorece a liberdade de ensinar conforme seus métodos próprios, obedecidas apenas as concepções pedagógicas adotadas pela instituição de ensino. Isso indica que o professor deve atuar com liberdade, mas dentro do perfil pedagógico que confere organicidade e unicidade à instituição à qual pertence. Não se conformando com os preceitos maiores conformadores desse pluralismo de ideias e concepções pedagógicas, deverá tanto aluno como professor buscar o centro de ensino que mais se coadune a suas pretensões.

Tal raciocínio se observa, por exemplo, no que tange a aplicação de ideologias na construção e elaboração do Plano de Ensino, na didática da sala de aula e nas leituras recomendadas aos discentes. O Direito de Família é riquíssimo em exemplos de interferências ideológicas, políticas e até mesmo partidárias, questões tormentosas e que geram forte discussão atualmente em nosso país.

Percebemos, assim, que o limite da liberdade de cátedra do professor é o respeito às bases curriculares de seu curso, coletivamente pensadas e sistematizadas para oferecer ao aluno os fundamentos de sua profissão. Por isso, reverbera nosso pensar as lições do Ministro do STF Alexandre de Morais[55] ao assentir que: "A liberdade de cátedra é um direito do professor, que poderá livremente exteriorizar seus ensinamentos aos alunos, sem qualquer ingerência administrativa, ressalvada, porém, a possibilidade da fixação do currículo escolar pelo órgão competente".

Cumpre, identicamente, recordar que o ponto decisivo desse complicado processo de ensino-aprendizagem é, justamente, o método de avaliação, onde o professor coloca em teste tudo aquilo que pretendeu transpassar aos seus discentes. Mais do que qualquer outro momento, é

---

[55] MORAIS, 2009, p. 829.

aquele que deve refletir a intersubjetividade do mestre com seus alunos, de modo a constituir o instrumento final de aprofundamento e fixação do saber. Não pode o aluno exigir padronização de procedimentos, avaliações programadas e idênticas de todos os seus professores, é seu papel enquanto discente conviver com essa diversidade e aprender a se adaptar a elas. Isso também é aprendizado!

CAPÍTULO 12

DISCIPLINA DE DIREITO DE FAMÍLIA: POTENCIALIDADES E DIFICULDADES

12.1 Potencialidades

a) A disciplina oferece espaço privilegiado para implementação do debate sobre alteridade, convivência com o diferente e espaço democrático para o diálogo;

b) Por ser uma disciplinar com ampla carga de leitura (seja por meio de textos doutrinários, jurisprudenciais ou de áreas correlatos ao Direito) é possível ao professor aperfeiçoar as competências gerais de análise e compreensão de textos, bem como a utilização de raciocínio lógico, argumentação, persuasão e reflexão crítica para identificar e solucionar problemas;

c) A disciplina conta com fortíssimo "apelo midiático". Os temas relativos ao Direito de Família estão sempre em "vidência", em vários mecanismos/meios de comunicação. Essa forte exposição midiática dos temas da matéria facilitam a compreensão, favorecem o debate e ampliam o espectro de exemplos e experiência trazidos pelos próprios alunos;

d) A matéria encontra-se em franca expansão no âmbito profissional, em face da contratualização das relações de família (que permite dispor sobre bens para depois da morte de maneira mais flexível) e da inserção de novas discussões como o "Planejamento Sucessório" e a "Holding Familiar". Existe franco aumento da procura por esses serviços no mercado de trabalho, sendo essa uma potencialidade para o componente curricular;

e) O aumento da expectativa de vida, ao lado do equilíbrio econômico alcançado nas últimas três décadas provoca mais interesse sobre temas de Direito de Família, sobretudo para pessoas com maior poder aquisitivo. Está sendo constituído um novo mercado para a matéria, pois é cada vez mais comum a realização de divórcios e recasamentos entre pessoas de idade mais avançada. Por outro turno, o aumento estatístico de idosos no seio da sociedade também promove demandas jurídicas específicas para esse público;

f) A ampliação de estudos, publicações e eventos que se dedicam ao tema do Direito de Família facilita o acesso dos alunos a leituras, discussões e produtos relacionados aos assuntos ministrados no componente curricular. A tecnologia também tem papel fundamental na renovação da oferta de serviços e produtos voltados para interesse especializado na matéria.

12.2 Dificuldades/desafios

a) Implementar, em sala de aula, de maneira ampla e siste-matizada, no contexto "global" que os temas do Direito de Família sugerem, a assimilação, articulação e sistematização de conhecimentos e conteúdos técnicos. A dificuldade, nesse ponto, se configura na necessidade de aprimoramento técnico, por parte dos alunos, que a disciplina oferece;

b) Conviver com transformações e com a diversidade é tarefa difícil, sobretudo em uma área do conhecimento em que os valores pessoais e domésticos são tão fortes. Evitar debates excludentes e proporcionar uma visão ampla, inclusiva e democrática da formação, construção e modificação do estado familiar de cada indivíduo é, provavelmente, a maior dificuldade que a disciplina traz ao professor;

c) Desinstalar-se das visões de mundo correntes. Colocar-se no lugar do outro. Conseguir compreender que as transformações no comportamento social implicam, diretamente, no modo de se organizar e de se manifestar afetivamente. Tais premissas precisam ser construídas através de alta carga de leitura. O conteúdo muito extenso da disciplina a ser ministrada em apenas um semestre, bem como o pequeno acervo de biblio-grafia disponível para os discentes (tanto na área específica quanto de áreas afins) não favorece a realização plena da proposta do componente curricular;

d) Por ser a penúltima das sete disciplinas de Direito Civil, o Direito de Família é trabalhado, normalmente, e uma fase "mais cansativa do curso", momento em que há outras disciplinas de igual importância e com mesmo conteúdo teórico para serem assimiladas. Existe, notadamente, uma curva ascendente de produtividade dos alunos do curso de Direito no início, ao longo dos primeiros semestres, e que se transforma em curva descendente após a metade da carga-horária. O Direito de Família está topograficamente localizado, na sistemática média do Curso de Direito, no exato início da parte descendente dessa curva. Verifica-se, ainda, certa dificuldade por ser uma matéria extremamente técnica e que envolve inúmeros outros conhecimentos, inclusive multidisciplinares. Despertar o interesse dos alunos para a matéria, em tal contexto, é uma das maiores dificuldades que o professor deste componente curricular pode enfrentar;

e) Fugir da visão conteudista, muitas vezes voltada para, "apenas", a preparação para aprovação em concursos públicos. Não é raro encontrar alunos na Graduação que encaram os componentes curriculares apenas sob a perspectiva da preparação e habilitação para provas, realização e comentários de questões, leitura de livros específicos voltados para concursos públicos etc. Desestimular, nos alunos, a visão do Direito de Família sob a ótica exclusiva do conteúdo de provas e gabaritos de certamos públicos é um desafio para o docente que ministra a matéria.

CAPÍTULO 13

FONTES DO DIREITO DE FAMÍLIA

13.1 Código Civil brasileiro

O Código Civil brasileiro atual designa o Livro IV ao Direito de Família, na Parte especial, um total de 273 artigos, que vão do art. 1.511 até o art. 1.783. A distribuição das matérias está posta em quatro Títulos, sendo o primeiro o que trata do Direito Pessoal, o segundo do Direito Patrimonial de Família, o terceiro da União Estável e o quarto da Tutela e da Curatela. Essa distinção, pode-se dizer, é meramente programática, haja vista que na prática, ao longo de toda a parte do Direito Pessoal de Família, encontram-se fortes indicadores de uma proteção patrimonial, latente na legislação brasileira, como herança do Direito Francês.[56] De todo modo, essa subdivisão do Direito de Família no Código atual passou longe de abranger as verdadeiras e complexas nuances desse ramo do Direito Civil, que comporta muito mais que dois blocos de análise.

É importante lembrar que, ao longo do Código Civil, há outros artigos que tratam da matéria do Direito de Família, embora não diretamente, como ocorre em alguns momentos do Direito Obrigacional, dos Contratos ou das Sucessões, além de dois artigos das Disposições Finais e Transitórias (art. 2.039 e art. 2.040 do CC/02).

Mencione-se, ademais, a possibilidade e imprescindibilidade da aplicação de dispositivos da Parte Geral ao Direito de Família. Por exemplo, o art. 186, regra geral da responsabilidade civil, que se aplica ao Livro de Direito de Família, que se aplica às relações entre cônjuges, entre companheiros e entre pais e filhos.

---

[56] MALAURIE; FULCHIRON, 2001.

Sobre a estrutura das fontes do Direito de Família e sua respectiva regulamentação cabe, mais uma vez, a lição de Jorge Duarte Pinheiro:

> O carácter pré-jurídico da realidade e que respeita o Direito da Família não impede a respectiva regulamentação jurídica. Afinal, os dados extra-jurídicos são pontos de partida do Direito. E a envolvente sentimental da vivência familiar também subtrai a família da esfera do Direito, porque as exteriorizações, os comportamentos são juridicamente relevantes.[57]

E segue o respeitado professor, reportando-se ao Direito português, mas com exata correlação com a realidade do Direito de Família brasileiro:

> Todavia, o regime jurídico das relações familiares é extenso e heterogêneo, além das normas que se encontram no Código Civil, outras que descrevem e punem crimes entre pessoas ligadas entre si por vínculos familiares, que regulam impostos tendo em conta a situação familiar dos contribuintes, que atribuem direitos e benefícios aos trabalhadores e funcionários da Administração Pública que sejam progenitores ou cônjuges, e que conferem prestações de índole social a certas pessoas em virtude daquela que é ou foi a respectiva condição familiar. Englobando normas de Direito Penal, de Direito Fiscal, de Direito da Função Pública e da segurança Social, o regime jurídico da família mostra-se, no seu todo, adverso à qualificação como Direito Privado. Note-se, porém, que o Direito da Família que é lecionado se cinge ao estudo das normas incluídas no Código Civil e das normas que, noutros diplomas, estabeleçam uma disciplina análoga ou complementar.

13.2 Leis civis especiais do direito de família

Além da norma base da codificação civil, a tradição jurídica brasileira acumula inúmeras leis que tratam, também, de temas direta ou indiretamente ligados ao Direito de Família. A essas normas dá-se o nome de "leis civis especiais do Direito de Família", pois são normas que tratam de conteúdo paralelo e complementar aos temas da disciplina. As principais leis especiais são as seguintes:

Lei de Alimentos – Lei nº 5.478/1968; Lei de Alimentos Gravídicos – Lei nº 11.804/2008; Lei de Investigação de Paternidade – Lei nº 8.560/1992; Leis da União Estável – Lei nº 8.971/1994 e Lei nº 9.278/1996;

---

[57] PINHEIRO, 2007.

Lei da Alienação Parental – Lei nº 12.318/2010; Lei do Bem de Família – Lei nº 8.009/1990; Estatuto da Criança e do Adolescente – Lei nº 8.069/1990; Estatuto do Idoso – Lei nº 10.741/2003; Estatuto da Juventude – Lei nº 12.852/2013/ Lei Maria da Penha – Lei nº 11.340/2006;

CAPÍTULO 14

CONTEÚDO DO DIREITO DE FAMÍLIA

Nesta seção, apresentamos uma sugestão de conteúdo do Direito de Família, no Brasil, indicando o rol esquematizado de temas que devem, direta ou indiretamente, compor o conteúdo geral da disciplina nos cursos de Graduação em Direito, sobretudo naquelas Instituições de Ensino Superior em que a matéria seja lecionada em um ou dois semestres letivos.

De modo geral, o resumo esquemático da disciplina Direito de Família, mediante a exposição do seu conteúdo, por meio da individualização dos tópicos reflete, em grande parte, a lógica codificada da matéria no âmbito do Livro de Direito de Família. Entretanto, na pormenorização dos temas, é possível perceber a inclusão de tópicos relativos às Leis Especiais do Direito de Família, bem como de temas que vêm sendo, progressivamente, inseridos nas discussões mais recentes acerca da configuração da matéria, como é o caso exemplificativo do Direito dos idosos.

Ainda, sempre que possível, são feitas inserções sobre questões processuais, procedimentais e debates de jurisprudência. Entende-se que, em face da alta complexidade do ramo familiarista, associado ao fato de que a matéria de Direito de Família representa grande volume de ações em tramitação na justiça brasileira, necessário se fazer conexão entre a teoria e a prática.

I – Introdução ao Direito de Família
1. A família através dos tempos.
2. Características peculiares do Direito de Família.
3. Formação Romana do Direito de Família.
4. Direito de Família e Direito Canônico.
5. Religião e Família.

6. Família no Brasil. Formação histórica da família e do Direito de Família no Brasil.
7. Transformações na Família e no Direito de Família: a feição da família contemporânea.
    7.1. Amor líquido;
    7.2. Subjetivização do Direito de Família;
    7.3. A família e a tecnologia.
8. Correntes teóricas sobre o Direito de Família brasileiro na contemporaneidade;
9. Conceito de família e de Direito de Família: estágio atual.

II – Teoria Geral do Direito de Família

1. Direito de Família no âmbito do Direito Civil brasileiro.
2. Direito de família no Brasil e Constituição de 1988.
3. A Constitucionalização do Direito de Família.
    3.1. A força criativa dos princípios;
    3.2. A repersonalização das relações de família;
    3.3. A despatrimonialização do Direito de Família.
4. Jurisprudencialização das relações de família: da *Civil Law* para a *Common Law*.
5. A busca pela felicidade como uma característica da família contemporânea: a família como espaço de realização de seus membros.
6. O declínio do "amor romântico": impactos no Direito de Família.
7. Autonomia privada e relações de família.
8. Direito de Família e Liberdade.
9. Espaços do *"direito"* e do *"não direito"* no Direito de Família.
10. Direito de Família Mínimo.
11. A família na pós-afetividade.
13. A crise do Direito de Família codificado.
14. Teoria da Afetividade.

III – Princípios do Direito de Família

1. Princípio de proteção da dignidade da pessoa humana.
2. Princípio da solidariedade familiar.
3. Princípio da igualdade entre filhos.
4. Princípio da igualdade entre cônjuges e companheiros.
5. Princípio da igualdade na chefia familiar.
6. Princípio da não intervenção ou da liberdade.
7. Princípio do melhor interesse da criança e do adolescente.
8. Princípio da afetividade.
9. Princípio da função social da família.
10. Princípio da boa-fé objetiva.

IV – Pluralidade Familiar

1. Famílias previstas na lei e famílias para além do *numerus clausus*.
2. Breve descrição de cada entidade familiar.
3. Direito de Família e Direitos Humanos.

4. Família Matrimonializada.

5. O companheirismo como família.

6. Monoparentalidade.

7. Trios afetivos e relações de poliamor.

9. Concubinato.

10. Famílias paralelas.

11. Famílias tecnológicas.

12. Famílias ectogenéticas.

13. Famílias recompostas. Famílias mosaico.

V – Casamento. Direito Matrimonial

1. Introdução ao estudo do Casamento.

2. O casamento e sua simbologia na sociedade contemporânea.

3. A democratização do casamento: casamento entre pessoas do mesmo sexo.

4. Casamento e união estável: relação intrínseca e reflexiva.

5. Conceito.

6. Princípios matrimoniais.

7. Natureza Jurídica do Casamento.

       7.1. Teoria Contratual;

       7.2. Teoria Institucional;

       7.3. Teoria mista.

8. Modalidades de casamento no Brasil

       8.1. Casamento apenas civil;

       8.2. Casamento apenas religioso;

       8.3. Casamento religioso com efeitos civis.

9. A promessa de casamento: evolução histórica.

       9.1. O "noivado" e sua simbologia atual;

       9.2. Ruptura do noivado – Responsabilidade Civil;

       9.3. A teoria da "perda de uma chance" pela ruptura do noivado.

10. Casamento como Negócio Jurídico.

       10.1. Validade e eficácia;

       10.2. Solenidade.

       10.3. Finalidades;

       10.4. Efeitos do casamento.

11. Capacidade Matrimonial.

       11.1. Repercussões do Estatuto da Pessoa com Deficiência.

12. Impedimentos e Causas suspensivas.

13. Casamento por procuração.

14. Casamento Consular.

15. Processo de Habilitação para o casamento.

       15.1. Previsão da Lei de Registros Públicos;

       15.2. Regras do Código Civil;

       15.3. A Publicação editalícia e sua dispensa.

16. Celebração do casamento.

17. Casamento em situações extremas ou de urgência.
   17.1. Casamento em casos de moléstia grave;
   17.2. Casamento nuncupativo.
18. Registro do Casamento;
   18.1. O livro de casamentos;
   18.2. A certidão de casamento.
19. Posse de Estado de Casados.
20. Invalidades matrimoniais.
   20.1. Casamento existente e casamento inexistente;
   20.2. Relevância hodierna da teoria das invalidades matrimoniais;
   20.3. Nulidades matrimoniais sob a perspectiva religiosa;
   20.4. Casamentos nulos e anuláveis;
   20.5. Menoridade;
   20.6. Vícios de vontade;
   20.7. Revogação da procuração;
   20.8. Incompetência do celebrante;
   20.9. Casamento putativo;
21. Eficácia do casamento.
   21.1. Deveres e responsabilidade dos cônjuges;
   21.2. Direção da sociedade conjugal;
   21.3. Planejamento familiar;
   21.4. A questão da fidelidade recíproca: a monogamia como regra ou como marco regulatório;
   21.5. Infidelidade no Direito de Família contemporâneo;
   21.6. Fidelidade e monogamia no mundo real e no mundo virtual;
   21.7. Vida em comum sob o mesmo teto;
   21.8. Mútua assistência, consideração e respeito recíprocos;
   21.9. Criação e educação dos filhos.
22. Responsabilidade pré-negocial no casamento.
   22.1. A quebra de promessa de casamento;
   22.2. Aplicação da boa-fé objetiva;
   22.3. Rompimento do noivado e danos morais;
   22.4. A questão dos aprestos.
VI – Separação e Divórcio
1. Evolução histórica do instituto da separação e do divórcio no Brasil.
   1.1. O desquite no Direito brasileiro;
   1.2. A luta pelo divórcio;
   1.3. Lei do Divórcio – Lei nº 6.515/1977.
2. Dissolução da sociedade conjugal e do vínculo matrimonial.
3. Separação e divórcio – conceitos.
4. Efeitos do Divórcio.
5. A Emenda Constitucional do Divórcio. EC nº 66/2010.

6. A separação de fato e seus efeitos jurisprudenciais.
7. Separação e Divórcio por Escritura Pública.
8. Modalidades de separação e divórcio no Direito brasileiro.
    8.1. Separação e divórcio extrajudicial consensual;
    8.2. Separação e divórcio judicial consensual;
    8.3. Separação e divórcio judicial litigiosa.
9. A situação das pessoas separadas juridicamente antes da EC 66/2010.
10. Do julgamento parcial de mérito nas ações de divórcio (art. 356 do Novo CPC).
11. A questão do uso do nome pelo cônjuge após a EC 66/2010.
12. Responsabilidade Civil nas relações de Família.
13. Ato ilícito nas relações de família.

VII – Da Proteção dos Filhos
1. O problema da guarda na dissolução do casamento.
2. Guarda de Filhos.
3. Guarda Compartilhada.
    3.1. Evolução da guarda compartilhada no ordenamento jurídico brasileiro;
    3.2. Interpretação da jurisprudência sobre a guarda compartilhada.
4. Guarda alternada.
5. Nidação.
6. Guarda alternada com visitação livre.
7. Crítica às disposições legais sobre a matéria.
8. Guarda Unilateral.
9. Fixação de convivência entre pais e filhos nas datas comemorativas e feriados.
10. A guarda de animais de estimação e a aplicação das mesmas regras previstas para os filhos.
11. Alienação Parental. Conceito. Delimitação do tema. Fundamentação legal da matéria.
    11.1. Considerações introdutórias sobre a Síndrome da Alienação Parental e suas consequências jurídicas;
    11.2. Alienação parental e o princípio do melhor interesse da criança;
    11.3. As situações de Alienação Parental listadas em *numerus apertus*;
    11.4. Alienação como ato contrário ao direito fundamental de convivência familiar;
    11.5. Alteração de domicílio com objetivo de dificultar o acesso à justiça.
12. Alienação Parental em ação autônoma ou incidental.
    12.1. Início do processo a requerimento da parte interessada;
    12.2. Início do processo de ofício pelo magistrado;

12.3. Manifestação da alienação parental em qualquer momento processual;

12.4. Da tramitação prioritária;

12.5. Da necessidade (ou obrigatoriedade?) da perícia realizada por equipe multidisciplinar;

12.6. Aplicação de multa na hipótese de Alienação Parental;

12.7. Falsas memórias e abuso sexual.

13. Da visita em ambiente terapêutico.

14. Declaração da alienação parental, advertência ao genitor alienador e ampliação da convivência com o genitor alienado.

15. Acompanhamento biopsicossocial e/ou psicológico.

16. Determinação de fixação cautelar de domicílio para criança ou adolescente que esteja sendo vítima da alienação parental.

17. Da alteração da guarda (inversão) e da aplicação da guarda compartilhada.

III – Direito Convivencial

1. Breves considerações sobre a união estável no Direito Brasileiro.

2. Reconhecimento histórico da união estável.

3. Adaptação das regras de companheirismo ao Novo Código Civil.

4. A polêmica questão entre namoro e união estável.

5. União estável e união de fato.

6. Questões patrimoniais na união estável.

6.1. Regime de bens na união estável;

6.2. Regras de divisão de bens hereditários na união estável;

6.3. Divisão de bens comuns;

6.4. Do contrato de convivência na união estável;

6.5. Obrigação de alimentos para conviventes de união estável;

6.6. Pensão previdenciária para companheiros de união estável;

6.7. Direito real de habitação para companheiros de união estável;

7. União estável homoafetiva.

8. Uniões estáveis e famílias paralelas.

9. Poliamorismo. Efeitos.

10. Relações concubinárias e uniões estáveis.

11. Utilização de normas do casamento para a união estável, por analogia.

12. União estável configurada na hipótese de casal que esteja separado de fato ou separado judicialmente.

13. Da conversão da união estável em casamento.

14. Leis da União Estável. Aplicabilidade.

15. Efeitos civis nas relações de namoro. Contrato de Namoro.

IV– Relações de Parentesco

1. Conceito e natureza jurídica.

2. Parentesco: espécies e graus de parentesco.

2.1. Questões antropológicas sobre o parentesco.

3. Filiação: aspectos naturais e socioafetivo.

4. Reconhecimento de filho. Bioética e tecnologia.

5. Investigação de paternidade e investigação de maternidade.

6. Sistemática de reconhecimento de filhos no Direito brasileiro.

    6.1. Do caráter contencioso da Ação de Investigação de Paternidade (ou de Maternidade);

    6.2. Legitimação extraordinária conferida ao MP;

    6.3. Reconhecimento em caso de união estável;

    6.4. Reconhecimento em caso de Concubinato;

    6.5. Da possibilidade de reconhecimento de relação avoenga – ou ação de investigação de paternidade "indireta";

    6.6. Filhos sem pai conhecido;

    6.7. Aplicação da cláusula de proibição do *venire contra factum proprium* no reconhecimento de filhos.

7. Da utilização do exame de DNA para aferição da "verdade" biológica x presunção *pater is est*.

8. Aplicação da cláusula de proibição do *venire contra factum proprium* no reconhecimento de filhos.

9. Ação Negatória de Paternidade (ou de Maternidade).

10. Lei de Investigação de Paternidade.

    10.1. Da presunção *juris tantum* da paternidade;

    10.2. Ação de Investigação de Paternidade independe de prévio ajuizamento de ação de anulação de registro. Entendimento do STJ;

    10.3. Recusa de outros parentes (descendentes, irmãos, tios etc.) à realização do exame de DNA;

    10.4. Meios moralmente legítimos;

    10.5. Investigação de paternidade e alimentos;

11. Regulamentos do CNJ sobre a Matéria.

12. Adoção à brasileira e investigação de paternidade.

13. Presunção da paternidade e a necessidade das provas indiciárias.

14. Impossibilidade de reconhecimento na certidão de casamento.

15. Filiação Sanguínea e filiação socioafetiva.

16. Consentimento para reconhecimento de filho maior.

17. Registro de nascimento como regra geral para prova da filiação.

18. Abandono afetivo. Teoria. Casuística. Jurisprudência.

    18.1. Investigação de Paternidade e danos morais resultantes de abandono moral e afetivo;

    18.2. Discussão doutrinária sobre o tema do abandono afetivo.

19. Registros realizados anteriormente à Lei de Investigação de Paternidade.

    19.1. Da coisa julgada inconstitucional nas ações de paternidade.

20. Construção de vínculos de filiação de maneira não espontânea. Possibilidade. Efeitos jurídicos. Consequenciais civis.
21. Multiparentalidade. Conceito. Construção Jurisprudencial da matéria.
    21.1. Repercussão Geral nº 622 – STF;
    21.2. Aprofundamentos quanto à posse de estado de filhos;
    21.3. A multiparentalidade como realidade jurídica da filiação;
    21.4. Multiparentalidade e alimentos;
    21.5. Multiparentalidade e efeitos sucessórios.
22. Adoção: conceito, natureza jurídica, requisitos, efeitos.
    22.1. Relações do Código Civil com o Estatuto da Criança e do Adolescente;
    22.2. Adoção de Maiores.
23. Poder familiar: definição e conceito.
    23.1. Consequências e efeitos do poder familiar;
    23.2. Poder familiar: cessação, suspensão e perda;
    23.3. Indenização decorrente da perda do poder familiar;
    23.4. Lei da palmada e suas repercussões sociais e jurídicas;
    23.5. Autorização para viagem de menores;
    23.6. Deliberações sobre questões de ordem religiosa, educacional e afetiva;
    23.7. *Homeschooling* e sua vinculação ao exercício do poder familiar;
    23.8. Exposição de filhos menores nas redes sociais e a questão da privacidade das crianças e dos adolescentes.

V – Dos idosos no Direito de Família
1. Breve evolução histórica do direito do idoso no Brasil.
2. Conceito de idoso e a situação atual dos idosos no Brasil.
3. Direitos e garantias fundamentais ao idoso.
    3.1. Direito à vida;
    3.2. Direito à liberdade, ao respeito e à dignidade da pessoa humana;
    3.3. Direito à saúde;
    3.4. Direito à alimentação e habitação;
    3.5. Previdência e assistência social;
    3.6. Educação, esporte, lazer e cultura;
    3.7. Profissionalização, trabalho e transportes coletivos públicos.
4. O idoso na família.
    4.1. A importância da manutenção dos vínculos familiares e a função da família na proteção e assistência ao idoso;
    4.2. Abandono afetivo inverso e a solidariedade familiar;
    4.3. A guarda compartilhada dos idosos.
5. O idoso na sociedade.
    5.1. Medidas de proteção ao idoso;

5.2. Modalidades de atendimento aos idosos.

VI – Questões sobre violência doméstica e Direito de Família

1. Conceito de violência doméstica e sua abrangência.
2. As situações de vulnerabilidade no âmbito familiar. Vulnerabilidade da mulher.
3. A violência doméstica e suas repercussões no Direito de Família.
4. A Lei Maria da Penha.
5. Procedimentos específicos do Juizado da Violência doméstica e suas repercussões no Direito de Família.
   5.1. Diálogo entre o Código Civil, o Código de Processo Civil e a Lei Maria da Penha.
6. Medidas de proteção para as vítimas de violência doméstica.
7. Divórcio imediato para situações de violência doméstica.
   7.1. A Lei nº 13.894/2019 e seus efeitos patrimoniais e pessoais.

VII – Alimentos

1. Prestação de alimentos: conceito, finalidades, abrangência, fundamentação.
2. Espécies, características, pressupostos, sujeitos da obrigação alimentícia.
3. Limites da obrigação alimentar.
4. Lei de Alimentos.
   4.1. Rito especial da Lei de Alimentos;
   4.2. Desnecessidade de registro imediato para ações de alimentos;
   4.3. Da concessão da justiça gratuita nas ações de alimentos;
   4.4. Competência da ação de alimentos;
   4.5. Distribuição por dependência para ações de execução, revisão e exoneração de Alimentos;
   4.6. Do pedido inicial nas ações de alimentos;
   4.7. Alimentos provisórios;
   4.8. Renda líquida de bens comuns;
   4.9. Realização de audiência mesmo sem a presença dos advogados;
5. Da transação no direito de alimentos.
   5.1. Limites e possibilidades das negociações acerca dos alimentos;
   5.2. A posição da jurisprudência sobre a matéria;
6. Ampliação, redução e exoneração da pensão alimentícia.
7. Exigência de contraditório para fins de exoneração da pensão.
8. Alimentos transitórios.
9. Alimentos provisórios devidos até o final da demanda.
10. Não aplicação de efeito suspensivo nos recursos de apelação.
11. Coisa julgada e direito de alimentos.
12. Cláusula impeditiva de pleito revisional e suas discussões.
13. Exoneração de Alimentos.

14. Da execução de alimentos.
    14.1. Pena de prisão, pena de penhora, sub-rogação da pena de penhora na pena de prisão;
    14.2. Protesto do pronunciamento judicial.
15. Execução de Verbas não alimentares.
16. Execução de Alimentos Provisórios com valor diferente do fixado na sentença.
17. Abordagem jurisprudencial da matéria.
18. Alimentos Gravídicos.
19. Alimentos Compensatórios.
20. Alimentos na perspectiva processual. Ação, Execução, Exoneração e outras demandas relativas ao tema.
    20.1. Cumprimento de decisão alimentar provisória e definitiva;
    20.2. Compensação como meio de pagamento;
    20.3. Medidas punitivas, coercitivas e assecuratórias do pagamento.
21. Medidas de urgência no Direito de Família.
22. Trinômio Possibilidade x Necessidade x Razoabilidade.
    22.1. Fixação para alimentantes que têm renda fixa;
    22.2. Fixação para profissionais autônomos;
    22.3. Fixação de alimentos *in natura*.
23. A questão da culpa na fixação dos alimentos.
24. A questão da pessoalidade da questão de alimentos (transmissibilidade x intransmissibilidade) dos alimentos.
25. A tormentosa questão da renúncia dos alimentos no Direito de Família.
    25.1. Dispensa x renúncia;
    25.2. Alimentos pós-divórcio (contratos pós-divórcio).
26. Alimentos entre pessoas do mesmo sexo.
27. Alimentos nos casos de poliamor.

VIII – Regime de Bens
1. Introdução ao Regime de bens.
2. Conceito e princípios dos regimes de bens.
3. Da ação de alteração do regime de bens.
    3.1. Tendência doutrinária e jurisprudencial de não exigir justificativa para a alteração do regime de bens;
4. Regras gerais quanto ao regime de bens.
    4.1. Impossibilidade de regimes distintos para os cônjuges (Princípio da indivisibilidade de regime de bens);
    4.2. A separação de fato como limite dos efeitos econômicos do casal – Jurisprudência pacífica do STJ.
5. Pacto antenupcial. Conceito e regras;
    5.1. Reconfiguração do pacto antenupcial para estipular questões patrimoniais e também questões existenciais;

5.2. Pacto antenupcial e a contratualização do Direito de Família.
6. Regras especiais quanto ao regime de bens.
7. Regime da comunhão parcial.
    7.1. Bens que não entram na comunhão;
    7.2. Bens que entram na comunhão;
    7.3. A questão das verbas trabalhistas e do FGTS;
    7.4. A questão da previdência privada;
8. Regime da comunhão universal de bens.
    8.1. Bens que não entram na comunhão;
    8.2. Bens que entram na comunhão.
9. Regime da Separação de bens.
    9.1. Regime da separação obrigatória;
    9.2. Regime da separação convencional;
    9.3. Súmula 377 do STF;
    9.4. Possibilidade de afastar a Súmula 377 por pacto antenupcial.
10. Regime da participação final nos aquestos.
11. Construção de regimes próprios, de acordo com as necessidades dos nubentes.
    11.1. Criação de regimes mistos.
12. Eficácia dos regimes de bens sobre terceiros.
13. Regimes de bens no casamento/união estável e divisão de bens na herança.

IX – Contratualização do Direito de Família

1. Direito e Liberdade.
2. O declínio do "amor romântico": impactos no Direito de Família.
3. Espaços do "direito" e do "não direito" no Direito de Família.
4. Perspectivas contemporâneas da autonomia da vontade.
5. Direito de Família Mínimo.
6. A família na pós-afetividade.
7. Contratualização do Direito de Família: limites e perspectivas.
8. Pactos pré-nupciais.
9. Pactos intrafamiliares.
10. Pactos pós-divórcio.
11. Negócios Jurídicos Processuais e extraprocessuais no Direito de Família.
12. Novos papéis dos advogados, magistrados e promotores de justiça em face da família contratualizada.
13. Cláusula Penal nos contratos de Direito de Família.

X – Direito Assistencial

1. Conceito.
2. Família substituta e sua formalização.
3. Hipóteses de aplicação de família substituta no Direito brasileiro.
4. Guarda do Estatuto da Criança e do Adolescente e no Código Civil.

4.1. Guarda provisória e guarda definitiva;
4.2. Eventual vinculação afetiva entre pessoas na família substituta;
4.3. A proposta de aplicação do instituto da guarda pra os idosos.
5. Tutela. Conceitos, requisitos e aplicabilidade da matéria.
   5.1. Proibições legais, exercício e cessação dos efeitos da tutela;
   5.2. Relação da matéria com o ECA. Diálogos entre o ECA e o CC/02;
   5.3. Dos tutores;
   5.4. Dos incapazes de exercer a tutela;
   5.5. Da escusa dos tutores;
   5.6. Do exercício da tutela;
   5.7. Dos bens do tutelado;
   5.8. Da prestação de contas;
   5.9. Da cessação da tutela.
6. Apadrinhamento Civil.
7. Curatela. Conceitos, princípios e extensão. Interpretação do Estatuto da Pessoa com Deficiência no âmbito do Direito de Família.
   7.1. O Estatuto da Pessoa com Deficiência e a reconfiguração da curatela;
   7.2. Interdição. Aplicabilidade;
   7.3. Procedimentos do CC/02 e do CPC/15;
   7.4. Dos interditos;
   7.5. Da Curatela do Nascituro e do Enfermo ou Portador de Deficiência Física;
   7.6. Do Exercício da Curatela.
8. Tomada de Decisão Apoiada.
   8.1. Procedimento judicial da TODA.

XI – Bem de Família
1. Conceito. Natureza jurídica. Requisitos.
2. Das modalidades de bem de família previstas no ordenamento jurídico brasileiro.
   2.1. O bem de família voluntário;
   2.2. O bem de família Involuntário.
3. A construção jurisprudencial sobre o bem de família à luz do estatuto do patrimônio mínimo.
   3.1. Aplicação extensiva do conceito de Bem de Família para pessoas solteiras, separadas e viúvas;
   3.2. Da aplicação da Lei do Bem de Família para penhoras anteriores a sua vigência;
   3.3. Da aplicação da regra de Bem de Família nos casos de Inventário/Partilha;

3.4. Ampliação do rol de bens protegidos pela impenhorabilidade;

3.5. Mitigação do requisito da "moradia no imóvel" pela jurisprudência;

3.6. Da impossibilidade de renúncia ao benefício do Bem de Família.

4. Das exceções à impenhorabilidade do Bem de Família.

    4.1. Da abrangência da impenhorabilidade;

    4.2. Da possibilidade de penhora parcial do imóvel de alto valor.

5. Da fraude na constituição do Bem de Família Legal.

XII. Direito Internacional de Família

1. Direito de Família no plano internacional.

2. Casamento sobre a perspectiva do Direito Internacional.

    2.1. Capacidade;

    2.2. Impedimentos;

    2.3. Regime de bens;

    2.4. Formalidades;

    2.5. Poligamia;

    2.6. Casamento homoafetivo.

3. Divórcio: elementos de conexão e normativa internacional.

4. Filiação: presunções, elementos de conexão, nacionalidades e reconhecimento.

5. Adoção internacional.

    5.1. Capacidade;

    5.2. Requisitos;

    5.3. Ritos;

    5.4. Validade.

6. Alimentos no plano internacional.

    6.1. Normativa internacional;

    6.2. Credores e devedores;

    6.3. Direito material;

    6.4. Execução.

7. Guarda e visitação no plano internacional.

CAPÍTULO 15

BIBLIOGRAFIA PARA O ENSINO DO DIREITO DE FAMÍLIA

A sugestão bibliográfica abaixo apresentada tem por objetivo orientação do docente de Direito de Família na construção do seu Plano de Curso, bem como auxílio na indicação de obras e autores para composição de referência doutrinária geral e complementar, além da apresentação sugestiva de bibliografia dividida por grandes temas da matéria. São listadas as obras principais, as obras clássicas, outras obras importantes e obras de conteúdo histórico ou de referência para pesquisa no Direito de Família. Ainda, são apresentadas algumas indicações de bibliografia estrangeira sobre o tema, juntamente com bibliografia interdisciplinar de interesse ao Direito de Família (conteúdos de outras áreas, direta ou indiretamente vinculados ao estudo da matéria).

15.1 Bibliografia geral brasileira após a Constituição Federal de 1988 (todos apresentados por ordem alfabética)

I. Principais obras de conteúdo geral

CARVALHO, Dimas Messias de. *Direito das Famílias*. São Paulo: Saraiva, 2015.

CAHALI, Yussef Said; CAHALI, Francisco José. *Doutrinas essenciais:* famílias e sucessões. São Paulo: Revista dos Tribunais, 2011. v. I – VI

DIAS, Maria Berenice. *Manual de Direito das Famílias*. Porto Alegre: Livraria do Advogado, 2018.

DINIZ, Maria Helena. *Curso de Direito Civil Brasileiro, Direito de Família*. São Paulo: Saraiva, 2016.

FACHIN, Luiz Edson. *Elementos Críticos do Direito de Família*. São Paulo: Renovar, 2000.

FARIAS, Cristiano Chaves; ROSENVALD, Nelson. *Direito das Famílias*. Rio de Janeiro: Lumen Juris, 2018.

GAGLIANO, Pablo Stolze; PAMPLONA FILHO, Rodolfo. *Novo Curso de Direito Civil*. *Direito de Família*: as famílias em perspectiva constitucional. São Paulo: Saraiva, 2018.

GAMA, Guilherme Calmon Nogueira da. *Direito Civil*: Família. São Paulo: Atlas, 2008.

GONÇALVES, Carlos Roberto. *Direito Civil Brasileiro*. Direito de Família. São Paulo: Saraiva, 2019.

LEITE, Eduardo de Oliveira. *Direito Civil Aplicado*. Direito de Família. São Paulo: Revista dos Tribunais, 2005.

LÔBO, Paulo. *Famílias*. São Paulo: Saraiva, 2019.

MADALENO, Rolf. *Curso de Direito de Família*. Rio de Janeiro: Forense, 2010.

TARTUCE, Flávio. *Direito Civil*: Direito de Família. São Paulo: Gen, 2019.

TEPEDINO, Gustavo. TEIXEIRA, Ana Carolina Brochado. *Fundamentos de Direito Civil*: Direito de Família. São Paulo: Gen, 2020.

VENOSA, Sílvio de Salvo. *Curso de Direito Civil*. Direito de Família. São Paulo: Atlas, 2012.

II. Obras clássicas importantes

AZEVEDO, Álvaro Villaça. *Direito de Família*. São Paulo: Atlas, 2013.

BEVILÁCQUA, Clóvis. *Direito de Família*. Rio de Janeiro: Freitas Bastos, 1938.

BITTAR, Carlos. *Direito de Família*. Rio de Janeiro: Forense, 1991.

DANTAS, San Tiago. *Direitos de família e das sucessões*. Rio de Janeiro: Forense, 1991.

ESPÍNOLA, Eduardo. *A família no Direito Civil brasileiro*. Rio de Janeiro: Bookseller, 2001

GOMES, Orlando. *Direito de Família*. Rio de Janeiro: Forense, 1988.

MIRANDA, Francisco Cavalcante Pontes de. *Tratado de Direito de Família*. Campinas: Bookseller, 2001.

OLIVEIRA, José Lopes. *Manual de Direito de Família*. Recife: Livrotécnica, 1976.

PEREIRA, Caio Mário da Silva. *Instituições de Direito Civil*. Família. Rio de Janeiro: Forense, 2011.

PEREIRA, Lafayette Rodrigues. *Direitos de Família*. Brasília: Conselho Editorial do Superior Tribunal de Justiça, 2004.

PEREIRA, Virgílio de Sá. *Direito de Família*. Rio de Janeiro: Bastos Freitas, 1959.

RODRIGUES, Silvio. *Direito Civil*. Direito de Família. São Paulo: Saraiva, 2002.

MONTEIRO, Washington de Barros; TAVARES, Regina Beatriz; *Curso de Direito Civil*: Direito de Família. 42. ed. São Paulo: Saraiva, 2018.

WALD, Arnoldo. *Direito Civil*. Direito de Família. São Paulo: Saraiva, 2009.

III. Obras de relevo

ALVES, Leonardo Barreto Moreira. *Direito de Família Mínimo*. Rio de Janeiro: Lumen Juris, 2010.

ALVES, Leonardo Barreto Moreira. *Temas atuais de Direito de Família*. Rio de Janeiro: Lumen Juris, 2010.

CARNEIRO, Sérgio Barradas. *Estatuto das Famílias*: justificativa. Belo Horizonte: Magister, 2007.

CARVALHO, Dimitre Braga Soares de. *A crise do Direito de Família Codificado no Brasil*. Curitiba: Juruá, 2019.

CARVALHO, Dimitre Braga Soares de. Animais de estimação e Direito de Família. *IBDFAM*. 6 ago. 2009. Disponível em: http://www.ibdfam.org.br/artigos/531/Animais+de+Estima%C3%A7%C3%A3o+e+Direito+de+Fam%C3%ADlia. Acesso em: 20 mar. 2014.

CARVALHO, Dimitre Braga Soares de. *Direito de Família e Direito Humanos:* pluralidade e dignidade humana como centro das relações familiares. Leme: Edijur, 2012.

COELHO, Rômulo. *Direito de Família*. São Paulo: Livraria e Editora Universitária, 1990.

DIAS, Maria Berenice. A ética do afeto. Âmbito Jurídico, 31 maio 2005. Disponível em: http://www.ambito-juridico.com.br/site/index.php?n_link=revista_artigos_leitura&artigo_id=552. Acesso em: 29 set. 2016.

DIAS, Maria Berenice. *Direito de família e psicanálise*. Disponível em: www.mariaberenice.com.br/.../5_-_direito_de_família_e_psicanálise.pdf. Acesso em: 30 abr. 2015.

FACHIN, Luiz Edson. A síndrome da família *ligth*. Gazeta do Povo, 29 jul. 2009. Disponível em: http://www.gazetadopovo.com.br/opiniao/artigos/a-sindrome-da-familia-light-br3fguebs3mqvtdiczh7hs1fy. Acesso em: 29 set. 2016.

FACHIN, Luiz Edson. *Estatuto Jurídico do Patrimônio Mínimo*. São Paulo: Renovar, 2006.

FACHIN, Luiz Edson. *Limites e possibilidades do ensino e da pesquisa jurídica*: repensando paradigmas. Disponível em: www.juis.com.br. Acesso em: 20 jun. 2018.

FACHIN, Luiz Edson. No Direito de Família, doutrina e jurisprudência vivem união estável. *Consultor Jurídico*, 01 fev. 2015. Disponível em: http://www.conjur.com.br/2015-fev-01/processo-familiar-direito-familia-doutrina-jurisprudencia-uniao-instavel. Acesso em: 01 fev. 2015.

FARIAS, Cristiano Chaves; ROSENVALD, Nelson. *Teoria dos precedentes judiciais no Direito das Famílias*. Disponível em: www.ibdfam.org.br. Acesso em: 30 jun. 2016.

LEITE, Eduardo de Oliveira. *Famílias monoparentais*: a situação jurídica de pais e mães solteiros, de pais e mães separados e dos filhos na ruptura da vida conjugal. São Paulo: Revista dos Tribunais, 2003.

LEITE, Eduardo de Oliveira. *Temas de Direito de Família*. São Paulo: Revista dos Tribunais, 1994.

LISBOA, Roberto Senise. *Manual de Direito Civil. Direito de Família e Sucessões*. 5. ed. São Paulo: Saraiva, 2009.

LOBO, Fabíola Santos Albuquerque; CAMPOS, Alyson Rodrigo Correia; LEAL, Larissa Maria de Moraes (Orgs.). *Direito das Famílias e das Sucessões*. Recife: Nossa Livraria, 2014.

LOBO, Fabíola Santos Albuquerque; EHRHARDT JR., Marcos; OLIVEIRA, Catarina Almeida de (Orgs.). *Famílias no Direito Contemporâneo*. Estudos em Homenagem a Paulo Luiz Netto Lôbo. Salvador: JusPodivm, 2010.

MADALENO, Rolf. *Novas Perspectivas no Direito de Família*. Porto Alegre: Livraria do Advogado, 2000.

MIRANDA, Francisco Cavalcante Pontes de. *Tratado de Direito Privado*. *Parte Especial*. *Direito de Família*: direito parental. Atualizado por Rosa Maria Barreto Borriello de Andrade Nery. São Paulo: Revista dos Tribunais, 2012. t. IX.

MORAES, Maria Celina Bodin de. Perspectivas a partir do direito civil-constitucional. *In*: LEAL, Pastora do Socorro Teixeira (Coord.). *Direito civil constitucional*: e outros estudos em homenagem ao prof. Zeno Veloso: uma visão luso-brasileira. São Paulo: Método, 2014. [*e-book*].

MULTEDO, Renata Vilela. *Liberdade e família*: limites para a intervenção do Estado nas relações conjugais e parentais. Rio de Janeiro: Processo, 2017.

NADER, Paulo. *Curso de Direito Civil*: Direito de Família. Rio de Janeiro: Forense, 2006.

NAMUR, Samir. *A desconstrução da preponderância do discurso jurídico do casamento no Direito de Família*. São Paulo: Renovar, 2009.

NERY, Rosa Maria Andrade. *Manual de Direito Civil*: Família. São Paulo: Revista dos Tribunais, 2013.

PEREIRA, Rodrigo da Cunha. *Código Civil da Família*: anotado. Curitiba: Juruá, 2010.

PEREIRA, Rodrigo da Cunha. *Dicionário de Direito de Família e Sucessões*. São Paulo: Saraiva, 2015.

PEREIRA, Rodrigo da Cunha. *Direito de Família e o novo código civil*. Belo Horizonte: Del Rey, 2002.

PEREIRA, Rodrigo da Cunha. *Direito de Família*: uma abordagem psicanalítica. Belo Horizonte: Del Rey, 2013.

PEREIRA, Rodrigo da Cunha. O débito e o crédito conjugal. *Boletim do Instituto Brasileiro de Direito de Família*, Belo Horizonte, n. 15, a. II, 2002.

PEREIRA, Rodrigo da Cunha. *Princípios fundamentais norteadores do Direito de Família*. São Paulo: Saraiva, 2013.

PEREIRA, Rodrigo da Cunha. *Uma principiologia para o Direito de Família*. Disponível em: http://www.cidp.pt/publicacoes/revistas/rjlb/2015/1/2015_01_1871_1893.pdf. Acesso em: 05 out. 2016.

ROCHA, José V. C. Branco. *O pátrio poder*. Rio de Janeiro: Tupã, 1960.

RODRIGUES JUNIOR, Otavio Luiz. Estatuto epistemológico do Direito Civil contemporâneo na tradição de civil law em face do neoconstitucionalismo e dos princípios. *Meritum*, Belo Horizonte, v. 5, n. 2, p. 13-52, jul./dez. 2010.

SALOMÃO, Luís Felipe. *Direito Privado*: teoria e prática. 2. ed. Rio de Janeiro: Forense, 2014.

SANTOS, Carvalho. *Código Civil Brasileiro Interpretado.* Rio de Janeiro: Freitas Bastos, 1956.

SIMÃO, José Fernando; TARTUCE, Flávio. *Direito Civil:* Direito de Família. São Paulo: Método, 2011.

TAVARES, Regina Beatriz. *Destruição da família projetada em lei.* Disponível em: http://www. reginabeatriz.com.br/academico/artigos/artigo.aspx?id=387. Acesso em: 22 maio 2018.

TEPEDINO, Gustavo. A disciplina civil-constitucional das relações familiares. *In: A nova família:* problemas e perspectivas. Rio de Janeiro: Renovar, 1997.

TEPEDINO, Gustavo. A tutela da personalidade no ordenamento civil-constitucional brasileiro. *In: Temas de direito civil.* São Paulo: Renovar, 1999.

TEPEDINO, Gustavo. *A família entre autonomia existencial e tutela de vulnerabilidades.* Consultor jurídico, 21 mar. 2016. Disponível em: http://www.conjur.com.br/2016-mar-21/direito-civil-atual-familia-entre-autonomia-existencial-tutela-vulnerabilidades. Acesso em: 29 mar. 2016.

TEPEDINO, Gustavo. *Editorial da Revista Trimestral de Direito Civil.* Rio de Janeiro, out./ dez. 2000.

TEPEDINO, Gustavo. Prefácio. *In: A desconstrução da preponderância do discurso jurídico do casamento no Direito de Família.* Rio de Janeiro: Renovar, 2009.

TEIXEIRA, Ana Carolina Brochado; RODRIGUES, Renata de Lima. *O Direito das Famílias entre a norma e a realidade.* São Paulo: Atlas, 2010.

VILLELA, João Baptista. *Desbiologização da Paternidade.* Belo Horizonte: Faculdade de Direito da Universidade Federal de Minas Grais, 1979.

VILLELA, João Baptista. *Liberdade e Família.* Belo Horizonte: Faculdade de Direito da UFMG, 1980.

VILLELA, João Baptista. *Repensando o Direito de Família.* Disponível em: http://www. jfgontijo.com.br/2008/artigos_pdf/Joao_Baptista_Villela/RepensandoDireito.pdf. Acesso em: 01 dez. 2013.

VELOSO, Zeno. *Direito hereditário do cônjuge e do companheiro.* São Paulo: Saraiva, 2010.

WELTER, Belmiro Pedro. *Teoria Tridimensional do Direito de Família.* Porto Alegre: Livraria do Advogado, 2009.

IV. Obras de conteúdo histórico ou de referência para pesquisa no Direito de Família

COULANGES, Fustel de. *A cidade antiga.* versão brasileira de R. Ferreira. São Paulo: Martin Claret, 2009.

SHORTER, Edward. *A formação da Família Moderna.* Lisboa: Terramar, 1995.

WIEACKER, Franz. *História do Direito Privado Moderno.* Lisboa: Fundação Calouste Gulbenkian, 1967.

KOWALIK, Adam. *A noção de família no recente ordenamento da Igreja e no Direito Internacional.* Santa Maria: Biblos, 2003.

V. Dicionários de Direito de Família

PEREIRA, Rodrigo da Cunha. *Dicionário de Direito de Família e Sucessões ilustrado*. São Paulo: Saraiva, 2015.

LAGRASTA NETO, Caetano; SIMÃO, José Fernando; BENETI, Sidnei Agostinho (Coords.). *Dicionário de Direito de Família*. São Paulo: Atlas, 2015.

15.2 Bibliografia brasileira específica e complementar (indicada por grandes divisões do programa para ensino da disciplina direito de família)

I. Introdução do Direito de Família

ANDRADE, Renata Cristina Othon Lacerda de. Aplicabilidade do princípio da afetividade às relações paterno-filiais: a difícil escolha entre os laços de sangue e o afeto sem vínculos. *In: Famílias no Direito Contemporâneo*. Salvador: JusPodivm, 2010.

BARBOSA, Águida Arruda. *Construção dos fundamentos teóricos e práticos do Código de Família brasileiro*. 2007. Tese (Doutorado) – USP, São Paulo, 2007. Disponível em: www.teses.usp.br/teses/disponiveis/2/.../TeseAguidaArrudaBarbosa.pdf. *Acesso em:* 23 fev. 2016.

BARROS, Sergio Resende de. A ideologia do afeto. *Revista Brasileira de Direito de Família*. Porto Alegre, n. 14, 2002.

BARROS, Sergio Resende de. *A tutela constitucional do afeto*. Disponível em: http://www.ibdfam.org.br/_img/congressos/anais/42.pdf. Acesso em: 30 jun. 2016.

BARROSO, Lucas Abreu. Desmistificando as relações de família no novo Direito Civil. *In: Famílias no Direito Contemporâneo*. Salvador: JusPodivm, 2010.

BOUCALT, Carlos. Multiculturalismo e Direito de Família nas normas de direito internacional privado. *In:* CONGRESSO BRASILEIRO DE DIREITO DE FAMÍLIA. III, 2002. *Anais...* Belo Horizonte: Del Rey, 2002.

CABRAL, Maria Walkíria de Faro Coelho Guedes; GODINHO, Jéssica Rodrigues. A Constituição Cidadã, a proteção da família e a (des)construção do direito das famílias. *Revista da Faculdade de Direito UFPR*, Curitiba, v. 63, n. 3, p. 61-80, set./dez. 2018. Disponível em: https://revistas.ufpr.br/direito/article/view/59212. Acesso em: 15 maio 2019.

EHRHARDT JUNIOR, Marcos. Desafios do Direito de Família Contemporâneo: em busca de uma nova compreensão para o conceito de família. *In: Leituras Complementares de Direito Civil*: Direito das Famílias. Salvador: JusPodivm, 2010.

EHRHARDT JUNIOR, Marcos; ALVES, Leonardo Barreto Moreira. *Leituras Complementares de Direito Civil*: Direito das Famílias. Salvador: JusPodivm, 2010.

LOBO, Fabíola Santos Albuquerque. A família eudemonista do século XXI. *In:* PEREIRA, Rodrigo da Cunha (Org.). *Família: entre o Público e o Privado*. Porto Alegre: Lex Magister, 2012.

LOBO, Fabíola Santos Albuquerque. Os princípios constitucionais e sua aplicação nas relações jurídicas de família. *In: Famílias no Direito Contemporâneo*. Salvador: JusPodivm, 2010.

LÔBO, Paulo. A família enquanto estrutura de afeto. *In*: BASTOS, Eliene Ferreira; DIAS, Maria Berenice. (Org.). *A família além dos mitos*. 1. ed. Belo Horizonte: Del Rey, 2007, v. 1, p. 251-258.

LÔBO, Paulo. A repersonalização das relações de família. *In*: BITTAR, Carlos Alberto (Coord.). *O Direito de Família e a Constituição de 1988*. São Paulo: Saraiva, 1989.

LÔBO, Paulo. Entidades Familiares Constitucionalizadas: para além do numerus clausus. *Revista Brasileira de Direito de Família*, Porto Alegre, v. 3, n. 12, 2002.

LÔBO, Paulo. *Princípio jurídico da afetividade na filiação*. Disponível em: www.ibdfam.com. br/public/artigos.aspx?codigo=109. Acesso em: 12 set. 2018.

LÔBO, Paulo. Socioafetividade no Direito de Família: a persistente trajetória de um conceito fundamental. *In*: DIAS, Maria Berenice; PINHEIRO, Jorge Duarte (Orgs.). *Escritos de Direito das Famílias*: uma perspectiva luso-brasileira. Porto Alegre: Magister, 2008.

MALUF, Adriana Caldas do Rego Freitas Dabus; MALUF, Carlos Alberto Dabus. A família na pós-modernidade: aspectos civis e bioéticos. Revista da Faculdade de Direito da Universidade de São Paulo, v. 108, p. 221, jan./dez. 2013.

OLIVEIRA, Catarina Almeida de. Refletindo o afeto nas relações de família. Pode o Direito impor o amor? *In*: *Famílias no Direito Contemporâneo*. Salvador: JusPodivm, 2010.

OLIVEIRA, Euclides; HIRONAKA, Giselda M. Fernandes. Do Direito de Família. *In*: DIAS, Maria Berenice; PEREIRA, Rodrigo da Cunha (Org.). *Direito de Família e o Código Civil*. Belo Horizonte: Del Rey, 2001.

GROENINGA, Giselle Câmara. A judicialização das relações familiares e a psicanalização do Direito. *Consultor Jurídico*, 05 jun. 2016. Disponível em: http://www.conjur.com. br/2016-jun-05/judicializacao-relacoes-familiares-psicanalizacao-direito. Acesso em: 01 jan. 2016.

GROENINGA, Giselle Câmara. *O afeto em xeque e a jurisprudência do Superior Tribunal de Justiça*. *Consultor Jurídico*, 12 abr. 2015. Disponível em: http://www.conjur.com. br/2015-abr-12/processo-familiar-superior-tribunal-justica-afeto-valor-juridico2. Acesso em: 05 maio 2019.

SIMÃO, José Fernando. Poligamia, *casamento homoafetivo, escritura pública e dano social: uma reflexão necessária?* Carta Forense, 03 dez. 2012. Disponível em: http://www.cartaforense. com.br/conteudo/colunas/poligamia-casamento-homoafetivo-escritura-publica-e-dano-social-uma-reflexao-necessaria--parte-1/9976. Acesso em: 25 abr. 2019.

TARTUCE, Flávio. A contratualização do Direito de Família. *Jus Brasil*, 2014. Disponível em: http://flaviotartuce.jusbrasil.com.br/artigos/143980650/a-contratualizacao-do-direito-de-familia. Acesso em: 20 fev. 2015.

TARTUCE, Flávio. Desafios Contemporâneos do Direito de Família e Sucessões. *Migalhas*, Disponível em: http://www.migalhas.com.br/FamiliaeSucessoes/104,MI214607,61044 Desafios+contemporaneos+do+Direito+de+Familia+e+das+Sucessoes. Acesso em: 20 fev. 2015.

TARTUCE, Flávio. *Novos princípios do Direito de Família Brasileiro*. Disponível em: www. ibdfam.com.br. Acesso em: 15 out. 2014.

II. Direito Matrimonial

CHAVES, Marianna. *Homoafetividade e Direito*. Curitiba: Juruá, 2011.

DELGADO, Mário Luiz. Controvérsias na sucessão do cônjuge e do convivente. *In:* ALVES, Jones Figueiredo; DELGADO, Mario (Coord.). *Novo Código Civil, questões controvertidas*. São Paulo: Método, 2005. v. 3.

FACHIN, Luiz Edson. A refundação familiar: um aporte para o desenlace. *In:* MATOS, Ana Carla Harmatiuk (Org.). *As famílias não fundadas no casamento e a condição feminina*. Rio de Janeiro: Renovar, 2000.

FACHIN, Luiz Edson. *Direito de família*: elementos críticos à luz do novo código civil brasileiro. 2. ed. Rio de Janeiro: Renovar, 2003.

HIRONAKA, Giselda. A família e o casamento ontem e hoje. Instituto Brasileiro de Direito de Família. A moeda Afetiva. *Boletim do IBDFAM*, a. II, n 15, jun./jul. 2002. Disponível em: www.mpsp.mp.br/.../Familia/...familia/doutrina%20-20casamento%20regime%20de. Acesso em: 30 jun. 2016.

HIRONAKA, Giselda. Solidariedade em Família. Editorial. *Boletim do Instituto Brasileiro de Direito de Família*, Belo Horizonte, a. VII, n. 46, set./out. 2007.

LÔBO, Paulo. Igualdade conjugal: direitos e deveres. *In:* PEREIRA, Rodrigo da Cunha. (Org.). Direito de família contemporâneo. 1. ed. Belo Horizonte: Del Rey, 1997, v. 1, p. 221-236.

MALUF, Adriana Caldas do Rego Freitas Dabus. *Novas modalidades de família na pós-modernidade*. 2010. Tese (Doutorado em Direito Civil) – Faculdade de Direito, USP, São Paulo, 2010. Disponível em: www.teses.usp.br/teses/disponiveis/2/2131/tde-31012011.../pt-br.php. Acesso em: 02 fev. 2016.

MATOS, Ana Carla Harmatiuk. *As famílias não fundadas no casamento e a condição feminina*. Rio de Janeiro: Renovar, 2000.

MULTEDO, Renata Vilela; BODIN DE MORAES, Maria Celina. *A privatização do casamento*. Disponível em: www.civilistica.com. Acesso em: 19 dez. 2019.

OLIVEIRA, José Lamartine Correa de; MUNIZ, Francisco José Ferreira Muniz. *Curso de Direito de Família*. 4. ed. Curitiba: Juruá, 2002.

SILVA, Marcos Alves da. *Da monogamia*: sua superação como princípio estruturante do Direito de Família. Curitiba: Juruá, 2013.

III. União estável

AZEVEDO, Álvaro Villaça. *Comentários ao código civil*: do bem de família, da união estável, da tutela e da curatela. São Paulo: Saraiva, 2003, v. 19.

AZEVEDO, Álvaro Villaça. *Estatuto de Família de Fato*. 2. ed. São Paulo: Jurídica Atlas, 2002.

AZEVEDO, Álvaro Villaça. União entre pessoas do mesmo sexo. *Revista da Faculdade de Direito da USP*, v. 94, 1999.

CAHALI, Francisco. *Contrato de convivência na união estável*. São Paulo: Saraiva, 2002.

GERMANO, Luiz Paulo Rosek. Deveres constitucionais da família frente ao Estado. *In: Tendências Constitucionais no Direito de Família.* Porto Alegre: Livraria do Advogado, 2003.

LÔBO, Paulo. A concepção da união estável como ato-fato jurídico e suas repercussões processuais. *In:* MADALENO, Rolf; PEREIRA, Rodrigo da Cunha. (Org.). *Direito de família:* processo, teoria e prática. 1. ed. Rio de Janeiro: Forense, 2008.

OLIVEIRA, Euclides. *Impedimentos matrimoniais na união estável.* Disponível em: http://www.ibdfam.org.br/_img/congressos/anais/197.pdf. Acesso em: 30 jun. 2016.

PEREIRA, Rodrigo da Cunha. *União estável e casamento*: o paradoxo da equiparação. Disponível em: http://www.rodrigodacunha.adv.br/uniao-estavel-e-casamento-o-paradoxo-da-equiparacao/. Acesso em 29 dez. 2018.

TEPEDINO, Gustavo. A legitimidade constitucional das famílias formadas por uniões de pessoas do mesmo sexo. *In:* TEPEDINO, Gustavo. *Temas de direito civil.* Rio de Janeiro: Renovar, 2009. t. III

RUZYK, Carlos Eduardo Pianovski. *Famílias simultâneas: da unidade codificada à pluralidade constitucional.* Rio de Janeiro: Renovar, 2005.

SCHREIBER, Anderson. Famílias simultâneas e redes familiares. *In:* EHRHARDT, Marcos. *Leituras complementares de direito civil.* Salvador: JusPodivm, 2009.

IV. Separação e divórcio

ALBUQUERQUE JUNIOR, Roberto Paulino de. O divórcio no direito brasileiro após a emenda 66/10 e suas consequências no campo sucessório. *Revista do Instituto do Direito Brasileiro.* Disponível em: http://www.cidp.pt/revistas/ridb/2012/12/2012_12_7117_7144.pdf. Acesso em: 19 dez. 2019.

CAHALI, Yussef Said. *Divórcio e separação.* São Paulo: Revista dos Tribunais, 2002.

CASSETTARI, Christiano. *Separação, divórcio e inventário por escritura pública.* 4. ed. São Paulo: Gen/Método, 2010.

DELGADO, Mário. A nova redação do §6º do art. 226 da CF 88: o porquê a separação de direito continua a vigorar no ordenamento jurídico brasileiro. *In:* DELGADO, Mário; COLTRO, Antônio Carlos Mathias (Coords.). *Separação, divórcio, partilhas e inventários extrajudiciais.* 2. ed. São Paulo: Método, 2010.

DIAS, Maria Berenice. *Divórcio Já.* São Paulo: Revista dos Tribunais, 2010.

FERRAZ, Carolina Valença; LEITE, George Salomão; LEITE, Glauber Salomão. *O novo divórcio no Brasil.* Salvador: JusPodivm, 2011.

LÔBO, Paulo. Divórcio: a EC-66 e suas consequências. *Advocatus.* Recife, Escola Superior de Advocacia Prof. Ruy Antunes, a. 3, n. 5, nov. 2010.

LÔBO, Paulo. Divórcio: alteração constitucional e suas consequências. *In:* TEIXEIRA, Ana Carolina Brochado; LEITE, Gustavo Pereira. (Org.). *Manual de direito das famílias e das sucessões.* 3. ed. Rio de Janeiro: Processo, 2017.

RANGEL, Tauã Lima Verdan. *O corolário da busca pela felicidade como instrumento de inspiração do direito das famílias*: notas preliminares. Disponível em: http://www.ambitojuridico.com.

br/site/index.php/?n_link=revista_artigos_leitura&artigo_id=13125&revista_caderno=14. Acesso em: 25 maio 2015.

SANTOS, Luiz Felipe Brasil. *Emenda do Divórcio: cedo para comemorar*. Instituto Brasileiro de Direito de Família. Disponível em: https://arpen-sp.jusbrasil.com.br/noticias/2294036/artigo-emenda-do-divorcio-cedo-para-comemorar-por-luiz-felipe-brasil-santos. Acesso em: 19 dez. 2019.

TARTUCE, Flávio. *Argumentos constitucionais pelo fim da separação de direito*. Disponível em: https://flaviotartuce.jusbrasil.com.br/artigos/121820006/argumentos-constitucionais-pelo-fim-da-separacao-de-direito. Acesso em: 26 dez. 2019.

TAVARES, Regina Beatriz. *A Emenda Constitucional do Divórcio*. São Paulo: Saraiva, 2011.

TAVARES, Regina Beatriz. Indenização na Separação. *Boletim do Instituto Brasileiro de Direito de Família – IBDFAM*, Belo Horizonte, n. 15, a. II, 2002.

TAVARES, Regina Beatriz. *Reparação Civil na Separação e no Divórcio*. São Paulo: Saraiva, 1999.

V. Filiação e poder familiar

AGUIRRE, João. *Reflexões sobre a multiparentalidade e a repercussão geral 622 do STF*. Disponível em: https://revistas.unilasalle.edu.br/index.php/redes/article/view/3670. Acesso em: 19 dez. 2019.

ALBUQUERQUE JÚNIOR, Roberto Paulino. A filiação socioafetiva no direito brasileiro e a impossibilidade de sua desconstituição posterior. *Revista Brasileira de Direito de Família*, Porto Alegre, v. 8, n. 39, p. 54-78, dez./jan. 2006-2007.

ALMEIDA, José Luiz Gavião. *Adoção de adultos*. 2010. Tese (Livre-docência) – Faculdade de Direito, Universidade de São Paulo, 2010.

ALMEIDA, José Luiz Gavião. Reconhecimento de filiação. *In:* CHINELLATO, Silmara Juny de Abreu *et al.* (Org.). *Direito de família no novo milênio*: estudos em homenagem ao professor Álvaro Villaça Azevedo. São Paulo: Atlas, 2010.

BAHENA, Marcos. *Investigação de Paternidade*. Leme: Imperium, 2006.

BRITO, Leila Maria Torraca de. *Paternidades contestadas*: a definição da paternidade como um impasse contemporâneo. Belo Horizonte: Del Rey, 2008.

CALDERÓN, Ricardo Lucas. *Princípio da Afetividade no Direito de Família*. Rio de Janeiro: Renovar, 2013.

CALDERÓN, Ricardo Lucas. *Reflexos da decisão do STF de acolher socioafetividade e multiparentalidade*. Disponível em: http://www.conjur.com.br/2016-set-25/processo-familiar-reflexos-decisao-stf-acolher-socioafetividade-multiparentalidade. Acesso em: 01 out. 2016.

CATALAN, Marcos. Um ensaio sobre a multiparentalidade: prospectando, no ontem, pegadas que levarão ao amanhã. *Revista de la Facultad de Derecho y Ciencias Políticas*, v. 42, p. 621-649, 2012.

CHAPACUZ, Maria Cláudia; VITÓRIA, Ana Paula da Silva. Igualdade entre os filhos no direito brasileiro: direito pós-moderno? *Revista dos Tribunais*, São Paulo, n. 764, 1999.

FACHIN, Luiz Edson. A tríplice paternidade dos filhos imaginários. *In*: ALVIM, Teresa Arruda (Coord.). *Direito de Família*. São Paulo: Revista dos Tribunais, 1995.

FACHIN, Luiz Edson. A filha das estrelas em busca do artigo perdido. *In:* PEREIRA, Rodrigo da Cunha (Coord.). *Afeto, ética, família e o novo Código Civil*. Belo Horizonte: Del Rey, 2004.

FACHIN, Luiz Edson. *Comentários ao novo código civil*: das relações de parentesco. Rio de Janeiro: Forense, 2003.

FACHIN, Luiz Edson. *Da paternidade*: relação biológica e afetiva. Belo Horizonte: Del Rey, 1996.

FERREIRA, Jussara Suzi Assis Borges Nasser; RÖRHMANN, Konstanze. As famílias pluriparentais ou mosaicos. *In:* PEREIRA, Rodrigo da Cunha (Org.). *Família e dignidade humana*. São Paulo: IOB Thompson, 2006.

FREITAS, Lúcia Maria de Paula. Adoção – quem em nós quer um filho? Revista Brasileira de Direito de Família, Porto Alegre, v. 3, n. 10, p. 146-155, jul./set. 2001.

GIORGIS, José Carlos Teixeira. Arqueologia das famílias: da ginecocracia aos arranjos plurais. *Revista Brasileira de Direito das Famílias e Sucessões*, Porto Alegre, v. 12, n. 17, p. 41-73, ago./set. 2009.

GROENINGA, Giselle Câmara. Descumprimento do dever de convivência: danos morais por abandono afetivo. A interdisciplinar sintoniza o Direito de Família com o direito à família. *In*: HIRONAKA, Giselda Maria Fernandes Novaes (Coord.). *A outra face do Poder Judiciário:* Decisões inovadoras e mudanças de paradigmas. Belo Horizonte: Del Rey; São Paulo: Escola Paulista de Direito – EPD, 2005.

LÔBO, Paulo. Direito ao estado de filiação e direito à origem genética: uma distinção necessária. *In:* Cristiano Chaves de Farias. (Org.). *Direito e processo de família*. 1. ed. Rio de Janeiro: Lumen Juris, 2004.

LÔBO, Paulo. Do poder familiar. *In:* DIAS, Maria Berenice; PEREIRA, Rodrigo da Cunha. (Org.). *Direito de família e o novo Código Civil*. 4. ed. Belo Horizonte: Del Rey, 2005.

LÔBO, Paulo. Socioafetividade no Direito de Família: a persistente trajetória de um conceito fundamental. *Revista Brasileira de Direito de Família*, Porto Alegre, v. 10, n. 5, ago./set. 2008.

MARQUES, Cláudia Lima; CHAPACUZ, Maria Cláudia; VITÓRIA, Ana Paula da Silva. *Igualdade entre os filhos no direito brasileiro*: direito pós-moderno? São Paulo: Revista dos Tribunais, 1999.

PERUCCHI, Juliana; TONELI, Maria Juracy Filgueiras. *Aspectos políticos da normalização da paternidade pelo discurso jurídico brasileiro*. Disponível em: http://pepsic.bvsalud.org/pdf/rpp/v8n15/v8n15a10.pdf. Acesso em: 03 out. 2016.

VI. Alimentos

AZEVEDO, Álvaro Villaça. Prisão civil por dividas de alimentos. *In*: CONGRESSO BRASILEIRO DE DIREITO DE FAMÍLIA. III, 2002. *Anais...* Belo Horizonte: Del Rey, 2002.

CATALAN, Marcos. A inadequação da alocação topológica dos alimentos na codificação civil brasileira. *In:* CASSETARI, Christiano. (Org.). *10 anos de vigência do código civil brasileiro de 2002*: estudos em homenagem ao professor Dabus Maluf. São Paulo: Saraiva, 2013.

CATALAN, Marcos. A proporcionalidade na fixação da verba alimentar: desconstruindo o trinômio. *Revista do Instituto do Direito Brasileiro da Faculdade de Direito da Universidade de Lisboa*, Lisboa, v. 6, p. 3265-3285, 2012.

CATALAN, Marcos; CERUTTI, Eliza. Alimentos, irrepetibilidade e enriquecimento sem causa: uma proposta de convergência de figuras aparentemente excludentes. *Revista Jurídica*, Porto Alegre, 2012.

CAHALI, Yussef Said. *Dos alimentos*. 4. ed. São Paulo: Revista dos Tribunais, 2002.

CALMON, Rafael. *Direito das Famílias e Processo Civil*. São Paulo: Saraiva, 2017.

CARVALHO, Dimitre Braga Soares de. *Leis Civis Especiais no Direito de Família*. 3. ed. Salvador: JusPodivm, 2018.

CHINELLATO, Silmara Juny, coord. *Código Civil interpretado, artigo por artigo, parágrafo por parágrafo*. 10. ed. Barueri: Manole, 2017.

COSTA, Cora Cristina Ramos Barros Costa; LOBO, Fabíola Santos Albuquerque. A família eudemonista do século XXI. *In*: PEREIRA, Rodrigo da Cunha (Org.). *Família: entre o Público e o Privado*. Porto Alegre: Lex Magister, 2012.

LOBO, Fabíola Santos Albuquerque. Os princípios constitucionais e sua aplicação nas relações jurídicas de família. *In*: *Famílias no Direito Contemporâneo*. Salvador: JusPodivm, 2010.

LOBO, Fabíola Santos Albuquerque. A atual pertinência dos alimentos compensatórios no Brasil. *Civilistica.com*, a. 6, n. 1, 2017.

WELTER, Belmiro Pedro. *Alimentos no código civil*. Porto Alegre: Síntese, 2003.

VII. Regime de bens e bem de família

AZEVEDO, Álvaro Villaça. *Comentários ao código civil*: do bem de família, da união estável, da tutela e da curatela. São Paulo: Saraiva, 2003.

AZEVEDO, Álvaro Villaça. *Bem de família*. 5. ed. São Paulo: Revista dos Tribunais, 2002.

CATALAN, Marcos. Bem de família. *In*: LAGRASTA NETO, Caetano; SIMÃO, José Fernando. (Org.). *Dicionário de Direito de Família*. São Paulo: Atlas, 2015.

CARVALHO, Dimitre Braga Soares de. A construção jurisprudencial sobre o bem de família à luz do Estatuto do Patrimônio Mínimo. *In*: EHRHARDT JUNIOR, Marcos; CORTIANO JUNIOR, Eroulths. (Orgs.). *Transformações no Direito Privado nos 30 anos da Constituição*: Estudos em Homenagem a Luiz Edson Fachin. 1. ed. Belo Horizonte: Fórum, 2018.

FACHIN, Luiz Edson. *Estatuto jurídico do patrimônio mínimo*. Rio de Janeiro: Renovar, 2001.

RAUBER, Eduarda Maíra. A (im)possibilidade de penhora do bem de família do fiador no contrato de locação. *RFDC*, n. 1, v. 1, 2012.

SILVA, Clóvis do Couto. Direito patrimonial de família. *Revista da Faculdade de Direito de Porto Alegre*, a. 5, n. 1, 1971.

SIMÃO, José Fernando; LAGRASTA NETO, Caetano; BENETI, Sidnei Agostinho. *Dicionário de Direito de Família*. São Paulo: Atlas, 2015.

VELOSO, Zeno; SILVA, Regina Beatriz Tavares da (Coord.). *Código Civil comentado*. 8. ed. São Paulo: Saraiva, 2012.

VELOSO, Zeno. Regimes matrimoniais de bens. *In*: PEREIRA, Rodrigo da Cunha (Coord.). *Direito de família contemporâneo*. Belo Horizonte: Del Rey, 1997.

WALD, Arnoldo. O regime jurídico da partilha em vida. *Revista dos Tribunais*, ano 76, v. 622, ago. 1987.

VIII. Tutela e curatela: análise crítica do Estatuto da Pessoa com Deficiência

FOUCAULT, Michel. *História da loucura*: na idade clássica. 9. ed. São Paulo: Perspectiva, 2012.

MENEZES Joyceane Bezerra de. O direito protetivo no Brasil após a Convenção sobre a Proteção da Pessoa com Deficiência: impactos do novo CPC e do Estatuto da Pessoa com Deficiência. *Civilistica.com*, a. 4, n. 1, 2015.

NUNES DE SOUZA, Eduardo; DA GUIA SILVA, Rodrigo. Autonomia, discernimento e vulnerabilidade: estudo sobre as invalidades negociais à luz do novo sistema das incapacidades. *Civilistica.com*, a. 5, n. 1, 2016.

NUNES, Karla Gomes. *De loucos perigosos a usuários cidadãos*: sobre a produção de sujeitos no contexto das políticas públicas de saúde mental. 2013. Tese (Doutorado). Porto Alegre, UFRGS, 2013.

REQUIÃO, Mauricio. Estatuto da pessoa com deficiência altera regime civil das incapacidades. *Consultor Jurídico*, 20 jul. 2015. Disponível em: http://www.conjur.com.br/2015-jul-20/estatuto-pessoa-deficiencia-altera-regime-incapacidades. Acesso em: 26/12/2019.

IX. Direito Internacional de Família

ALMEIDA, Bruno Rodrigues de. O direito internacional privado acerca dos casamentos e parcerias entre pessoas do mesmo sexo no contexto do Mercosul. *RSTPR*, Año 2, n. 3; Marzo 2014.

ALVES, Jones Figueirêdo. *A Família no Contexto da Globalização e suas Repercussões no Direito*. Disponível em: https://www.editorajc.com.br/a-familia-no-contexto-da-globalizacao-e-suas-repercussoes-no-direito/. Acesso em 26 dez. 2018.

ARAÚJO, Nádia de. *Direito Internacional Privado*: Teoria e Prática Brasileira. 7. ed. São Paulo: Revista dos Tribunais, 2018.

DOLINGER, Jacob; TIBURCIO, Carmen. *Direito Internacional Privado*. 13. ed. Rio de Janeiro: Forense, 2017.

FARIAS, Cristiano Chaves de; ROSENVALD, Nelson. *Curso de Direito Civil*: Famílias. 6. ed. Salvador: JusPodivm, 2014.

FULCHION, Hugues; MONACO, Gustavo Ferraz de Campos (Orgs.). *Famílias internacionais*: seus direitos, seus deveres. São Paulo: Intelecto, 2016.

GONZALÉZ, Javier Carrascosa. Nuevos modelos de familia y Derecho Internacional Privado en el Siglo XXI. *Anales de Derecho*. Número 21. Universidad de Murcia, 2003.

IPUCHIMA, Caroline Ramires; SOUZA, Patrício Alves de. *Pacte Civil de Solidarité e união estável*: um estudo comparado. Disponível em: www.seer.ufrgs.br/ressevera. Acesso em: jan. 2019.

RAMOS, Rui Manuel Moura. O Direito Internacional Privado da Família nos inícios do século XXI: uma perspectiva europeia. *In:* OLIVEIRA, Guilherme (Org.). *Textos de Direito de Família para Francisco Pereira Coelho*. Coimbra: Impressa da Universidade de Coimbra, 2016. Disponível em: http://dx.doi.org/10.14195/978-989-26-1113-6_12. Acesso em: 9 de mar. 2018.

STRECK, Lenio Luiz. *As convenções internacionais, o Direito de Família e a crise de paradigma em face do estado democrático de direito*. Disponível em: www.gontijo-familia.adv.br/2008/artigos_pdf/Lenio.../ConvLenio.pdf. Acesso em: 07 abr. 2018.

15.3 Bibliografia estrangeira

I. Bibliografia anglo-americana

GLENDON, Mary Ann. *The transformation of family law*. Chicago: University of Chicago, 1989.

HAMILTON, Carolyn. *Family Law in Europe*. London: Butterworths, 1995.

WEISBERG, D. Kelly. *Family Law*. New York: Aspen Publishers, 2004.

II. Bibliografia argentina

BASSET, Ursula Cristina. Democratización de la familia y su incidencia en los vínculos jurídicos familiares. *In: La filiación: sus desafios jurídicos, hoy*. Buenos Aires: Educa, 2010.

BASSET, Ursula Cristina. El matrimonio y la utopía de la neutralidad de género: reflexiones sobre facticidad, finitud y derecho positivo de familia. *Prudentia Juris*, 68-69, p. 145-166. Disponível em: http://bibliotecadigital.uca.edu.ar. Acesso em: 20 nov. 2018.

BASSET, Ursula Cristina. Introducción y consideraciones generales sobre la estructura del libro II. *In: Análisis del proyecto de nuevo Código civil Y Comercial de 2012*. Buenos Aires: El Derecho, 2012.

BASSET, Ursula Cristina. Parejas de personas del mismo sexo, derechos humanos y derecho civil. *In: El matrimonio, un bien jurídico indisponible*. Buenos Aires: Educa, 2010.

BASSET, Ursula Cristina. The changing standard of the "best interests of the child" and its impacto n the exercise of parenting and on children. *International Journal of the Jurisprudence of the Family*. New York, v. 2, 2011.

BASSET, Ursula Cristina. What is a family? Exploring the juridical ground of familism today. *International Journal of the Jurisprudence of the Family*. New York, v. 3, 2012.

BELUSCIO, Augusto César. *Manual de derecho de família*. Buenos Aires: Astrea, 2004. t. I.

BOSSERT, Gustavo A.; ZANNONI, Eduardo A. *Manual de Derecho de Familia*. Buenos Aires: Astreade Alfredo e Ricardo Depalma, 2004.

CARLUCCI, Aída Kemelmajer de; HERRERA, Marisa; LAMM, Eleonora. Ampliando el campo del derecho filial en el derecho argentino – texto e contexto de las técnicas de reproducción humana asistida. *In: Derecho Privado – Bioderecho*. Buenos Aires: Ministerio de Justicia y Derechos Humanos de la Nación, 2012.

CÓRDOBA, Marcos M. *Ultima y próxima evolución del derecho de familia*. Disponível em: http://www.derecho.uba.ar/academica/derecho-abierto/archivos/da-cordoba-comprension-derecho-familia-ULTIMA-Y-PRoXIMA-EVOLUCION-DEL-DERECHO-DE-FAMILIA-S1.pdf. Acesso em: 04 jul. 2016.

COSTA, María Josefa Méndez; D'ANTONIO, Daniel Hugo. *Derecho de Familia*. Buenos Aires: Rubinzal-Culzoni, 2002. t. I.

COSTA, María Josefa Méndez. *Los principios jurídicos en las relaciones de familia*. Buenos Aires: Rubinzal-Culzoni, 2006.

DELBOSCO, María Paola Scarinci de. La familia: fuente viva de valores autenticos. *In: Doce anões de divorcio en Argentina*. Buenos Aires: EDUCA, 1999.

DI MARCO, Graciela; FAUR, Eleonor; MENDEZ, Susana. *Democratización de las familias*. Buenos Aires: UNICEF-Oficinade Argentina, 2005.

DOMINGUEZ, Andres Gil; FAMA, Maria Victoria; HERRERA, Marisa. *Derecho Constitucional de Familia*. Buenos Aires: EDIAR, 2006. t. I.

JOSSERAND, Loui. *Derecho Civil: la família*. Buenos Aires: Bosch, 1952.

LIMODIO, Daniel. *El matrimonio, un bien jurídico indisponible. Presentación*. Buenos Aires: EDUCA, 2012.

MAZZINGUI, Jorge Adolfo. *Derecho de família*. Buenos Aires: Ábaco de Rodolfo Depalma, 2000. t. I.

PERRINO, Jorge Oscar. *Derecho de Familia*. Buenos Aires: Lexis Nexis, 2006. t. I.

LAFFERRIÈRE, Nicolás; BASSSET, Ursula Cristina. *La Filiación: sus desafíos jurídicos, hoy*. Buenos Aires: EDUCA, 2010.

ROSA, Ricardo de la. *Evolución histórica de la institución del matrimonio*. Disponível em: www.cogailes.org/doc.pdf/forum2002.pdf/ESP08.pdf, 03/12/201. Acesso em: 11 nov. 2018.

III. Bibliografia chilena

TALCIANI, Hernán Corral. *Familia y Derecho. Estudios sobre la realidad jurídica de la familia*. Santiago de Chile, 1994.

ZEGERS H., Fernando; SALAS, Sofía P. *Bioética, reproducción y familia*. Ediciones Universidad Diego Portales: Santiago de Chile, 2014.

IV. Bibliografia espanhola

AGUIRRE, Carlos Martínez. *Diagnóstico sobre el Derecho de Familia*. Madrid: Rialp, 1996.

AGUIRRE, Carlos Martínez. *The evolution of family Law: changing the rules or changing the game?* Disponível em: https://www.academia.edu/10321626/

The_Evolution_of_Family_Law_Changing_the_Rules_or_Changing_the_Game. Acesso em: 01 mar. 2018.

CARBONNIER, Jean. *Derecho Flexible*: para una sociología no rigurosa del derecho. Madrid: Tecnos, 1974.

MENGUEZ, Luis Riesgo; RIESGO, Carmen Pablo de. *La familia ahora. Comentario al ideario de la familia*. Madrid: Rialp, 1980.

VAZQUEZ, Rodrigues. La familia futura. Aspectos sociológicos. *In*: *La familia*: una visión plural. Salamanca: Pontificia Universidad de Salamanca, 1985.

V. Bibliografia francesa

CADIET, Loïc. *La desjudiciarisation*. Rapport introductif, en La déjudiciarisation. Paris: Mare & Martin, 2012.

CARBONNIER, Jean. *Droit Civil*: La Famille. Paris: PUF, 1997. t. 2.

CARBONNIER, Jean. *Sociologie Juridique*. Paris: PUF, 1994.

CORNU, Gerard. *Droit Civil*: La Famille. Paris: Montchrestien, 1984.

DEKEUWE, Defossez F. *Réflexions sur les mythes fondateurs du droit contemporain de la familie*. Paris: RTD, 1995.

IRÈNE, Thery. *Couple, filiation et parenté aujourd'hui*. Le droit face aux mutations de la famille et de la vie privée. Paris: Odile Jacob, 1998.

MALAURIE, Philippe; FULCHIRON, Hugues. *La Famille*. Paris: Lextenso, 2001.

RIPERT, Georges. *Les Forces Créatrices du Droit*. Paris: Librarie Générale de Droit et de jurisprudence, 1955.

RIPERT, Georges. *O Regimen Democrático e o Direito Civil Moderno*. Tradução de J. Cortezão. São Paulo: Saraiva, 1937.

ROY, Alain. *Contrat de mariage réinventé (Le)*: perspectives socio-juridiques pour une réforme. Paris: Les Éditions Thémis, 2002.

VI. Bibliografia italiana

FORTINO, Marcela. *Diritto de Famiglia*. Milano: Giuffrè, 1997.

VII. Bibliografia portuguesa

CAMPOS, Diogo Leite de. A arbitragem voluntária, Jurisdição típica do Estado dos direitos e dos cidadãos. *In*: CAMPOS, Diogo Leite de; MENDES, Gilmar; MARTINS, Ives Gandra (Orgs.). *A Evolução do Direito no Século XXI*. Estudos em homenagem ao Prof. Arnold Wald. Coimbra: Almedina, 2007.

CAMPOS, Diogo Leite de. *Nós*: Estudos sobre o Direito das Pessoas. Coimbra: Almedina, 2004.

COELHO, Francisco Pereira; OLIVEIRA, Guilherme de. *Curso de Direito de Família.* Coimbra: Coimbra, 2014. v. 1.

CORDEIRO, Antonio Menezes. *Da Modernização do Direito Civil.* Aspectos gerais. Coimbra: Almedina, 2004.

JAYME, Erik. Pós-Modernismo e Direito de Família. *Boletim da Faculdade de Direito da Universidade de Coimbra,* v. 78, p. 209-221, 2002.

MENDES, João de Castro. *Direito da família.* Lisboa: Associação Acadêmica da Faculdade de Direito de Lisboa, 1991.

OLIVEIRA, Guilherme. *Critério Jurídico da Paternidade.* Coimbra: Almedina, 2003.

PINHEIRO, Jorge Duarte. *O Direito de Família Contemporâneo.* Lisboa: Aafdl, 2013.

PINHEIRO, Jorge Duarte. *O ensino do Direito de Família Contemporâneo.* Lisboa: Aafdl, 2007.

VARELA, Antunes. *Direito de Família.* 5. ed. rev. atual. e compl. Lisboa: Livraria Petrony, 1999. v. 1.

15.4 Bibliografia interdisciplinar de interesse ao direito de família (conteúdos de outras áreas, direta ou indiretamente vinculados ao estudo da matéria)

BAUMAN, Zygmunt. *Amor líquido*: sobre a fragilidade dos laços humanos. Tradução de Carlos Alberto Medeiros. Rio de Janeiro: Zahar, 2004.

BAUMAN, Zygmunt. *Modernidade líquida.* Tradução de Plínio Dentzien. Rio de Janeiro: Zahar, 2001.

BAUMAN, Zygmunt. *Vida líquida.* Tradução de Carlos Alberto Medeiros. Rio de Janeiro: Zahar, 2007.

BAUMAN, Zygmunt. *Vivemos tempos líquidos, nada é para durar.* Disponível em: http://lounge.obviousmag.org/de_dentro_da_cartola/2013/11/zygmunt-bauman-ivemos-tempos-liquidos-nada-e-para-durar.html#ixzz3bevOre2p. Acesso em: 30 maio 2018.

BECK, Ulrich; BECK-GERNSHEIM, Elisabeth. *El normal caos del amor:* Las nuevas formas de relación amorosa. Barcelona: El Roure, 2001.

BOTTON, Alain de. *O curso do amor.* Rio de Janeiro: Intrínseca, 2017.

BRITO, Leila Maria Torraca; OLIVEIRA, Camila Félix Barbosa. *Judicialização da vida na contemporaneidade.* Psicologia: ciência e profissão. Rio de Janeiro: Universidade do Estado do Rio de Janeiro, 2013.

CANEVACCI, Massimo. *Dialética da Família:* gênese, estrutura e dinâmica de uma instituição repressiva. São Paulo: Brasiliense, 1981.

CRISAFULLI, Pedro Henrique de Assis. *O Direito de Família e a filosofia eudoemonista.* Disponível em: www.unipac.br/site/bb/.../tcc-2c868f39a4c3101ea7254eb5b372ee41.pdf. Acesso em: 12 jan. 2018.

DESSEN, M. A.; ABREU E SILVA NETO, N. Questões de Família e Desenvolvimento e a Prática da Pesquisa – Editorial. *In: Psicologia*: teoria e Pesquisa. Brasília, 2000.

ENGELS, Federico. *El origen de la familia, la propiedad privada y el Estado*. Madrid: Fundación Federico Engels, 1978.

LACAN, Jacques. *Os complexos familiares*. Rio de Janeiro: Jorge Zahar, 1990.

LÉVI-STRAUSS, Claude. *As estruturas elementares do parentesco*. Petrópolis: Vozes, 1992.

LIMA JÚNIOR, Oswaldo Pereira. *Bioética, pessoa e o nascituro*: Rio de Janeiro: Luminária Academia, 2017.

LINS, Regina Navarro. *A cama na varanda*. Rio de Janeiro: Best Seller, 2005.

LINS, Regina Navarro. *Novas formas de amar*. São Paulo: Planeta, 2017.

MURARO, Rose Marie; BOFF, Leonardo. *Feminino e Masculino*. Rio de Janeiro: Sextante, 2002.

ROUDINESCO, Elisabeth. *A família em desordem*. Rio de Janeiro: Zahar, 2003.

SANTOS, Armindo dos. *Antropologia do parentesco e da família*: teorias e investigação. Instituto Piaget: Lisboa, 2006.

CAPÍTULO 16

EMENTA DA DISCIPLINA
DIREITO DE FAMÍLIA

Tecnicamente, a ementa compreende o resumo dos temas a serem abordados ao longo da disciplina, bem como as finalidades do trabalho na matéria, evidenciando a relação deste com a proposta pedagógica estabelecida no Projeto Político-Pedagógico do Curso. Dito isso, cabe lembrar que a construção de uma ementa para a disciplina de Direito de Família precisaria estabelecer conexão desta com as diretrizes do próprio curso de Direito em que a matéria será ministrada.

Deve o docente, ainda, quando da elaboração da ementa, levar em consideração questões peculiares às instituições de ensino e ao Projeto Político Pedagógico, bem como a bibliografia disponível na biblioteca do Curso, se a disciplina de Direito de Família é ministrada de forma autônoma, em um semestre, de forma autônoma em dois semestres, em conjunto com Direito das Sucessões, em conjunto com outras disciplinas do Direito Civil, ou outras situações hipotéticas. De igual modo, saber se apenas um docente ficará encarregado do manejo das aulas, ou a disciplina será dividida entre outros professores. Por fim, importa verificar a carga-horária em que a disciplina será lecionada, se as aulas serão em dias diferentes da semana, ou encontros corridos no mesmo dia, dentre outras variáveis.

Assim, deve a ementa ser composta por um parágrafo que declare quais os tópicos que farão parte do conteúdo da disciplina, precisando limitar sua abrangência dentro da carga horária ministrada. Sua redação deve ser de forma sucinta e objetiva, e estar de acordo com o projeto político pedagógico do curso.[58] A ementa não pode ser alterada sem ser

---

[58] NUNES, 2017.

aprovada pela coordenação do curso, sendo, por isso, objeto de reflexão técnica e minudente, não só pelos professores da própria disciplina de Direito de Família, mas com cooperação e revisão de outros docentes da área de Direito Civil.

Desse modo, a título de sugestão didática e pedagógica, e em consonância com o rol de conteúdos da matéria anteriormente apresentados, sugerimos a seguinte ementa para um estudo contemporâneo do Direito de Família:

> Evolução histórica da família e do Direito de Família. Introdução ao Direito de Família. Teoria Geral do Direito de Família. Princípios do Direito de Família. Pluralidade Familiar. Casamento. Direito Matrimonial. Separação e Divórcio. Da Proteção dos Filhos. Direito Convivencial. Relações de Parentesco. Filiação. Dos idosos no Direito de Família. Questões sobre violência doméstica e Direito de Família. Alimentos. Regime de Bens. Contratualização do Direito de Família. Direito Assistencial. Bem de Família.

CAPÍTULO 17

CONTEÚDO PROGRAMÁTICO E PLANO DE AULAS DA DISCIPLINA DE DIREITO DE FAMÍLIA

Seguindo a mesma linha de peculiaridades didático-institucionais acima expostas sobre as ementas, trazemos a sugestão do conteúdo programático, com subdivisão de temas e com cronograma das aulas, referenciado por assuntos.

O conteúdo programático ou programa da disciplina deve conter os dados de identificação da disciplina. São eles: ementa, objetivos, conteúdo programático, metodologia, avaliação e bibliografia básica e complementar da disciplina.[59]

Deve, o conteúdo programático apresentar uma sequência coerente e os elementos necessários para o processo de ensino e de aprendizagem. Deve nortear o trabalho docente e facilitar o desenvolvimento da disciplina pelos alunos, estabelecendo critérios de segurança e confiabilidade no roteiro a ser desenvolvido, além de oferecer aos alunos o roteiro que a disciplina irá seguir, a sequência de conteúdos, tópicos e subtópicos das aulas, permitindo a antecipação de leituras e a construção de um ritmo próprio de estudos da matéria.

O conteúdo programático deve, portanto, ser a descrição dos conteúdos elencados na ementa. Deve estar estruturada em unidades, seções ou módulos, detalhando os assuntos gerais e específicos que serão abordados ao longo da disciplina, contemplados dentro da ementa.[60]

Reforce-se, mais uma vez, que a inclusão de determinados temas e conteúdos dependerá da livre escolha do docente durante seu

---

[59] NUNES, 2017.
[60] NUNES, 2017.

planejamento, tomando por base sobretudo o tempo disponível para ministrar a disciplina. Tópicos como "questões sore violência doméstica e Direito de Família", "contratualização do Direito de Família", "Direito Internacional de Família" e "dos idosos no Direito de Família", que tradicionalmente não fazem parte da disciplina, podem ser incluídos, ou retirados do conteúdo programático, ou mesmo encaminhados para disciplinas complementares e paralelas à matéria.

Nesse sentido, a título de sugestão didática e pedagógica, trazemos o seguinte conteúdo programático, para um estudo contemporâneo do Direito de Família, dividido em 04 (quatro) unidades:

CONTEÚDO PROGRAMÁTICO
1ª UNIDADE
I – Introdução ao Direito de Família
1. A família através dos tempos;
2. Características peculiares do Direito de Família;
3. Formação Romana do Direito de Família;
4. Direito de Família e Direito Canônico;
5. Religião e Família;
6. Família no Brasil. Formação histórica da família e do Direito de Família no Brasil;
7. Transformações na Família e no Direito de Família: a feição da família contemporânea;
8. Correntes teóricas sobre o Direito de Família brasileiro na contemporaneidade;
9. Conceito de família e de Direito de Família: estágio atual.
II – Teoria Geral do Direito de Família
1. Direito de Família no âmbito do Direito Civil brasileiro;
2. Direito de Família no Brasil e Constituição de 1988.
3. A Constitucionalização do Direito de Família.
4. Jurisprudencialização das relações de família: da *Civil Law* para a *Common Law*;
5. A busca pela felicidade como uma característica da família contemporânea: a família como espaço de realização de seus membros;
6. O declínio do "amor romântico": impactos no Direito de Família;
7. Autonomia privada e relações de família;
8. Direito de Família e Liberdade;
9. Espaços do "*direito*" e do "*não direito*" no Direito de Família;
10. Direito de Família Mínimo;

11. A família na pós-afetividade;

12. Contratualização do Direito de Família;

13. A crise do Direito de Família codificado;

14. Teoria da Afetividade.

III – Princípios do Direito de Família

1. Princípio de proteção da dignidade da pessoa humana;

2. Princípio da solidariedade familiar;

3. Princípio da igualdade entre filhos;

4. Princípio da igualdade entre cônjuges e companheiros;

5. Princípio da igualdade na chefia familiar;

6. Princípio da não intervenção ou da liberdade;

7. Princípio do melhor interesse da criança e do adolescente;

8. Princípio da afetividade;

9. Princípio da função social da família;

10. Princípio da boa-fé objetiva.

IV – Pluralidade Familiar

1. Famílias previstas na lei e famílias para além do *numerus clausus*;

2. Breve descrição de cada entidade familiar;

3. Direito de Família e Direitos Humanos;

4. Família Matrimonializada;

5. O companheirismo como família;

6. Monoparentalidade;

7. Trios afetivos e relações de poliamor;

9. Concubinato;

10. Famílias paralelas;

11. Famílias tecnológicas;

12. Famílias octogenéticas;

13. Famílias recompostas. Famílias mosaico.

2ª UNIDADE

V – Casamento. Direito Matrimonial

1. Introdução ao estudo do casamento;

2. O casamento e sua simbologia na sociedade contemporânea;

3. A democratização do casamento: casamento entre pessoas do mesmo sexo;

4. Casamento e união estável: relação intrínseca e reflexiva;

5. Conceitos;

6. Princípios matrimoniais;

7. Natureza jurídica do casamento:

8. Modalidades de casamento no Brasil;

9. A promessa de casamento: evolução histórica;

10. Casamento como negócio jurídico;

11. Capacidade matrimonial;

12. Impedimentos e causas suspensivas;

13. Casamento por procuração;

14. Casamento consular;

15. Processo de habilitação para o casamento;

16. Celebração do casamento;

17. Casamento em situações extremas ou de urgência;

18. Registro do casamento;

19. Posse de Estado de Casados;

20. Invalidades matrimoniais;

21. Eficácia do casamento;

22. Responsabilidade pré-negocial no casamento;

VI – Separação e Divórcio

1. Evolução histórica do instituto da separação e do divórcio no Brasil;

2. Dissolução da sociedade conjugal e do vínculo matrimonial;

3. Separação e divórcio – conceitos;

4. Efeitos do Divórcio;

5. A Emenda Constitucional do Divórcio. EC nº 66/2010;

6. A separação de fato e seus efeitos jurisprudenciais;

7. Separação e Divórcio por Escritura Pública;

8. Modalidades de Separação e Divórcio no Direito brasileiro;

8.1. Separação e Divórcio extrajudicial consensual;

8.2. Separação e Divórcio judicial consensual;

8.3. Separação e Divórcio judicial litigiosa;

9. A situação das pessoas separadas juridicamente antes da EC 66/2010;

10. Do julgamento parcial de mérito nas ações de divórcio (art. 356 do Novo CPC);

11. A questão do uso do nome pelo cônjuge após a EC 66/2010;

12. Responsabilidade Civil nas relações de Família;

13. Ato ilícito nas relações de família.

VII – Da Proteção dos Filhos

1. O problema da guarda na dissolução do casamento;

2. Guarda de Filhos;

3. Guarda Compartilhada;

4. Guarda alternada;

5. Nidação;

6. Guarda alternada com visitação livre;

7. Crítica às disposições legais sobre a matéria;

8. Guarda unilateral;

9. Fixação de convivência entre pais e filhos nas datas comemorativas e feriados;

10. A guarda de animais de estimação e a aplicação das mesmas regras previstas para os filhos;

11. Alienação Parental. Conceito. Delimitação do tema. Fundamentação legal da matéria.

12. Alienação Parental em ação autônoma ou incidental;

13. Da visita em ambiente terapêutico;

14. Declaração da alienação parental, advertência ao genitor alienador e ampliação da convivência com o genitor alienado;

15. Acompanhamento biopsicossocial e/ou psicológico;

16. Determinação de fixação cautelar de domicílio para criança ou adolescente que esteja sendo vítima da alienação parental;

17. Da alteração da guarda (inversão) e da aplicação da guarda compartilhada;

18. Mediação e conciliação nas questões de guarda dos filhos.

VIII – Direito Convivencial

1. Breves considerações sobre a união estável no Direito Brasileiro;

2. Reconhecimento histórico da união estável;

3. Adaptação das regras de companheirismo ao atual Código Civil;

4. A polêmica questão entre namoro e união estável;

5. Amores livres e sua interpretação jurisprudencial e doutrinária;

6. União estável e união de fato;

7. Questões patrimoniais na união estável;

    7.1. Regime de bens na união estável;

    7.2. Regras de divisão de bens hereditários na união estável;

    7.3. Divisão de bens comuns;

    7.4. Do contrato de convivência na união estável;

    7.5. Obrigação de alimentos para conviventes de união estável;

    7.6. Pensão previdenciária para companheiros de união estável;

    7.7. Direito real de habitação para companheiros de união estável;

8. União estável homoafetiva;

9. Uniões estáveis e famílias paralelas;

10. Poliamorismo. Efeitos;

11. Relações concubinárias e uniões estáveis;

12. Utilização de normas do casamento para a união estável, por analogia;

13. União estável configurada na hipótese de casal que esteja separado de fato ou separado judicialmente;

14. Da conversão da união estável em casamento;

15. Leis da União Estável. Aplicabilidade;

16. Efeitos civis nas relações de namoro. Contrato de Namoro.

3ª UNIDADE

IX – Relações de Parentesco

1. Conceito e natureza jurídica;

2. Parentesco: espécies e graus de parentesco;

3. Filiação: aspectos naturais e socioafetivos;

4. Reconhecimento de filho. Bioética e tecnologia;

5. Investigação de paternidade e investigação de maternidade;

6. Sistemática de reconhecimento de filhos no Direito brasileiro;

7. Da utilização do exame de DNA para aferição da "verdade" biológica x presunção *pater is est*;

8. Aplicação da cláusula de proibição do *venire contra factum proprium* no reconhecimento de filhos;

9. Ação Negatória de Paternidade (ou de Maternidade);

10. Lei de Investigação de Paternidade;

11. Regulamentos do CNJ sobre a Matéria;

12. Adoção à brasileira e investigação de paternidade;

13. Presunção da paternidade e a necessidade das provas indiciárias;

14. Impossibilidade de reconhecimento na certidão de casamento;

15. Filiação sanguínea e filiação socioafetiva;

16. Consentimento para reconhecimento de filho maior;

17. Registro de nascimento como regra geral para prova da filiação;

18. Abandono afetivo. Teoria. Casuística. Jurisprudência;

19. Registros realizados anteriormente à Lei de Investigação de Paternidade;

20. Relação avoenga;

21. Multiparentalidade. Conceito. Construção Jurisprudencial da matéria;

22. Adoção: conceito, natureza jurídica, requisitos, efeitos;

23. Poder familiar: definição e conceito.

X – Dos idosos no Direito de Família

1. Breve evolução histórica do direito do idoso no Brasil;

2. Conceito de idoso e a situação atual dos idosos no Brasil;

3. Direitos e garantias fundamentais ao idoso;

4. O idoso na família;

5. O idoso na sociedade.

XI – Questões sobre violência doméstica e Direito de Família

1. Conceito de violência doméstica e sua abrangência;

2. As situações de vulnerabilidade no âmbito familiar. Vulnerabilidade da mulher;

3. A violência doméstica e suas repercussões no Direito de Família;

4. A Lei Maria da Penha;

5. Procedimentos específicos do Juizado da Violência doméstica e suas repercussões no Direito de Família;

6. Medidas de proteção para as vítimas de violência doméstica;

7. Divórcio imediato para situações de violência doméstica.

XII – Alimentos

1. Prestação de alimentos: conceito, finalidades, abrangência, fundamentação;

2. Espécies, características, pressupostos, sujeitos da obrigação alimentícia;

3. Limites da obrigação alimentar;

4. Lei de Alimentos;

5. Da transação no direito de alimentos;

6. Ampliação, redução e exoneração da pensão alimentícia;

7. Exigência de contraditório para fins de exoneração da pensão;

8. Alimentos transitórios;

9. Alimentos provisórios devidos até o final da demanda;

10. Não aplicação de efeito suspensivo nos recursos de apelação;

11. Coisa julgada e direito de alimentos;

12. Cláusula impeditiva de pleito revisional e suas discussões;

13. Exoneração de Alimentos;

14. Da execução de alimentos;

15. Execução de Verbas não alimentares;

16. Execução de Alimentos Provisórios com valor diferente do fixado na sentença;

17. Abordagem jurisprudencial da matéria;

18. Alimentos Gravídicos;

19. Alimentos Compensatórios;

20. Alimentos na perspectiva processual. Ação, Execução, Exoneração e outras demandas relativas ao tema;

21. Medidas de urgência no Direito de Família;

22. Trinômio Possibilidade x Necessidade x Razoabilidade;

23. A questão da culpa na fixação dos alimentos;

24. A questão da pessoalidade dos alimentos (transmissibilidade x intransmissibilidade) dos alimentos;

25. A tormentosa questão da renúncia dos alimentos no Direito de Família;

26. Alimentos entre pessoas do mesmo sexo;

27. Alimentos nos casos de poliamor.

4ª UNIDADE

XIII – Regime de Bens

1. Introdução ao regime de bens;

2. Conceito e princípios dos regimes de bens;

3. Da ação de alteração do regime de bens;

4. Regras gerais quanto ao regime de bens;

5. Pacto antenupcial. Conceito e regras;

6. Regras especiais quanto ao regime de bens;

7. Regime da comunhão parcial;

8. Regime da comunhão universal de bens;

9. Regime da separação de bens;

10. Regime da participação final nos aquestos;

11. Construção de regimes próprios, de acordo com as necessidades dos nubentes;

12. Eficácia dos regimes de bens sobre terceiros;

13. Regimes de bens e divisão de bens na herança;

14. Regimes mistos.

XIV – Contratualização do Direito de Família

1. Direito e Liberdade;

2. O declínio do "amor romântico": impactos no Direito de Família;

3. Espaços do "direito" e do "não direito" no Direito de Família;

4. Perspectivas contemporâneas da autonomia da vontade;

5. Direito de Família Mínimo;

6. A família na pós-afetividade;

7. Contratualização do Direito de Família: limites e perspectivas;

8. Pactos pré-nupciais;

9. Pactos intrafamiliares;

10. Pactos pós-divórcio;

11. Negócios jurídicos processuais e extraprocessuais no Direito de Família;

12. Novos papéis dos advogados, magistrados e promotores de justiça em face da família contratualizada;

13. Cláusula Penal nos contratos de Direito de Família;

XV – Direito Assistencial

1. Conceito;

2. Família substituta e sua formalização;

3. Hipóteses de aplicação de família substituta no Direito brasileiro;

4. Guarda do Estatuto da Criança e do Adolescente e no Código Civil;

2. Tutela. Conceitos, requisitos e aplicabilidade da matéria;

3. Apadrinhamento Civil;

3. Curatela. Conceitos, princípios e extensão;

4. Tomada de Decisão Apoiada;

XVI – Bem de Família

1. Conceito. Natureza jurídica. Requisitos;

2. Das modalidades de bem de família previstas no ordenamento jurídico brasileiro;

3. A construção jurisprudencial sobre o bem de família à luz do estatuto do patrimônio mínimo;

4. Das exceções à impenhorabilidade do bem de família;

5. Da fraude na constituição do bem de família legal.

XVII – Direito Internacional de Família

1. Direito de Família no plano internacional;

2. Casamento sobre a perspectiva do Direito Internacional;

3. Divórcio: elementos de conexão e normativa internacional;

4. Filiação: presunções, elementos de conexão, nacionalidades e reconhecimento;

5. Adoção internacional;

6. Alimentos no plano internacional;

7. Guarda e visitação no plano internacional.

CRONOGRAMA DE AULAS PARA A DISCIPLINA DIREITO DE FAMÍLIA

A disciplina semestral de Direito de Família no Brasil, normalmente, é ministrada de forma presencial, com a carga-horária de 60 (sessenta horas) horas-aula, distribuídas em 40 (quarenta) encontros. Cada um desses encontros se caracteriza em duas aulas de 50 (cinquenta) minutos cada, ou seja, dois encontros semanais de 01:40h (uma hora e quarenta minutos).

Tal distribuição do componente varia de instituição para instituição, havendo distinções no que diz respeito à disponibilidade de horas em sala de aula ou número de encontros semanais, por exemplo. A proposta de cronograma de aulas para a disciplina de Direito de Família que se apresenta a seguir é construída tomando por base os padrões médios acima indicados, divididos em 40 (quarenta) encontros.

1ª Aula:

– Apresentação da disciplina e do Plano de Curso. Sugestões bibliográficas; – Introdução ao Direito de Família. Direito de Família Contemporâneo: premissas e fundamentos; – Transformações na Família e no Direito de Família: fronteiras e limites.

2ª Aula:

– Teoria Geral do Direito de Família; – A Constitucionalização do Direito de Família; – O declínio do "amor romântico": impactos no Direito de Família; – Direito de Família e Liberdade; – A crise do Direito de Família codificado; – Teoria da Afetividade.

3ª Aula:

– Apresentação de vídeos previamente selecionados e discussão em sala sobre formas de família na sociedade atual; – Princípios do Direito de Família; – Análise jurisprudencial sobre a questão; – Recomendação de leituras específicas.

4ª Aula:

– Pluralidade familiar; – Famílias previstas na lei e famílias para além do *numerus clausus*; – Direito de Família e Direitos Humanos; – Trios afetivos e relações de poliamor; – Famílias tecnológicas; – Famílias recompostas. Famílias mosaico.

5ª Aula:

– Casamento e Direito Matrimonial; – Introdução ao estudo do casamento; – O casamento e sua simbologia na sociedade contemporânea; – A democratização do casamento: casamento entre pessoas do mesmo sexo; – Casamento como negócio jurídico.

6ª Aula:

– Processo de Habilitação para o casamento; – Casamento em situações extremas ou de urgência; – Posse de Estado de Casados; – Invalidades matrimoniais; – Eficácia do casamento; – Responsabilidade pré-negocial no casamento; – Rompimento do noivado.

7ª Aula:

– Análise de casos concretos sobre a questão do Direito Matrimonial; – Análise crítica de textos previamente encaminhados para leitura e reflexão da turma; – Participação dos alunos através de exposição oral e de debates.

8ª Aula:

– Separação e divórcio; – Evolução histórica do instituto da separação e do divórcio no Brasil; – Dissolução da sociedade conjugal e do vínculo matrimonial; – A Emenda Constitucional do Divórcio. EC nº 66/2010; –A separação de corpos; – A separação de fato e seus efeitos jurisprudenciais.

9ª Aula:

– Aspectos processuais e procedimentais da separação e do divórcio; – Separação e Divórcio por Escritura Pública; – Modalidades de separação e divórcio no Direito brasileiro; – A situação das pessoas separadas juridicamente antes da EC nº 66/2010; – A questão do uso do nome pelo cônjuge após a EC nº 66/2010; – Partilha de bens após o fim do relacionamento.

10ª Aula:

– Ato ilícito nas relações de família; – Responsabilidade Civil nas relações de Família; – Reparação de danos na separação e no divórcio; – A questão da culpa pelo fim dos relacionamentos; – Interpretação jurisprudencial sobre a discussão acerca da culpa no Direito de Família brasileiro.

11ª Aula:

– Proteção dos filhos; – O problema da guarda na dissolução do casamento; – Guarda compartilhada, guarda unilateral, guarda alternada e suas variações; – Fixação de convivências entre pais e filhos nas datas comemorativas e feriados; – A guarda de animais de estimação e a aplicação das mesmas regras previstas para os filhos; – Visita e guarda dos avós.

12ª Aula:

– Alienação parental. Conceito. Delimitação do tema. Fundamentação legal da matéria; – Alienação Parental em ação autônoma ou incidental; – Da visita em ambiente terapêutico; – Declaração da alienação parental, advertência ao genitor alienador e ampliação da convivência com o genitor alienado; – Determinação de fixação cautelar de domicílio para criança ou adolescente que seja vítima da alienação parental; – Da alteração da guarda (inversão) e da aplicação da guarda compartilhada.

13ª Aula:

– Vídeos e depoimentos em sala sobre alienação parental; – Debates em sala com a participação dos alunos. – Análise crítica sobre textos previamente definidos sobre alienação parental. – Aspectos interdisciplinares da matéria; – Visão da psicologia sobre a matéria.

14ª Aula:

– Direito convivencial; – Breves considerações sobre a união estável no Direito Brasileiro; – Reconhecimento histórico da união estável; – Casamento e união estável: relação intrínseca e reflexiva; – A polêmica questão entre namoro e união estável; – União estável putativa; – União estável e união de fato.

15ª Aula:

– Questões patrimoniais na união estável; – União estável homoafetiva; – Uniões estáveis e famílias paralelas; – Poliamorismo. Conceito. Efeitos; – Relações concubinárias e uniões estáveis; – União estável configurada na hipótese de casal que esteja separado de fato ou separado judicialmente; – Da conversão da união estável em casamento.

16ª Aula:

– Aula baseada em metodologias ativas: sala de aula invertida e estudos de casos concretos. Tema: Direito Convivencial, uniões estáveis e namoro; – Elaboração de um Contrato de Namoro por cada um dos alunos da turma;

17ª Aula:

– Relações de parentesco; – Conceito e natureza jurídica; – Espécies e graus de parentesco; – Critérios antropológicos e sociológicos da noção de parentesco; – Filiação: aspectos naturais e socioafetivos; – Reconhecimento de filho; – Bioética e tecnologia; – Investigação de paternidade e investigação de maternidade; – Sistemática de reconhecimento de filhos no Direito brasileiro.

18ª Aula:

– Da utilização do exame de DNA para aferição da "verdade" biológica x presunção *pater is est*; – Interpretação sociológica e técnica do exame de DNA; – Resultados do exame de DNA entre diversos graus de parentesco; – As quimeras jurídicas e a falibilidade do exame de DNA; – Aplicação da cláusula de proibição do *venire contra factum proprium* no reconhecimento de filhos; – Ação Negatória de Paternidade (ou de Maternidade); – Lei de Investigação de Paternidade: procedimentos;

19ª Aula:

– Regulamentos do CNJ sobre a Matéria; – Adoção à brasileira e investigação de paternidade; – Presunção da paternidade e a necessidade das provas indiciárias; – Filiação sanguínea e filiação socioafetiva; – Abandono afetivo. Teoria. Casuística. Jurisprudência; – Análise de jurisprudência específica sobre a matéria;

20ª Aula:

– Relações avoengas; – Multiparentalidade. Conceito. Construção Jurisprudencial da matéria; – Repercussão nº 622 do STF; – Adoção: conceito, natureza jurídica, requisitos, efeitos; – Adoção de maiores sob a ótica do Direito de Família; – Reflexos da Repercussão nº 622 do STF sobre o instituto da adoção; – Tendência jurisprudencial da progressiva relativização dos rigores da adoção.

21ª Aula:

– Poder familiar: definição e conceito; – Exercício do poder familiar; – Suspensão e extinção do poder familiar; – Limites do poder familiar; – Lei da Palmada; – Visibilidade dos filhos menores nas redes sociais e as questões de privacidade; – Autorização para viagem de filhos menores.

22ª Aula:

– Dos idosos no Direito de Família; – Breve evolução histórica do Direito do idoso no Brasil; – Conceito de idoso e a situação atual dos idosos no Brasil; – Direitos e garantias fundamentais ao idoso; – O idoso na família; – O idoso na sociedade; – Questões jurisprudenciais relacionando Direito de Família e o Direito dos idosos.

23ª Aula:

– Direito de Família e vulnerabilidade; – Reflexões sobre a repersonalização no Direito de Família: limites e perspectivas; – A influência da constitucionalização no Direito de Família e a inclusão de grupos de vulnerabilidade no âmbito familiar: mulheres, crianças e adolescentes, idosos e portadores de necessidades especiais.

24ª Aula:

– Questões sobre violência doméstica e Direito de Família; – Conceito de violência doméstica e sua abrangência; – As situações de vulnerabilidade no âmbito familiar; – Vulnerabilidade da mulher; – A violência doméstica e suas repercussões no Direito de Família; – A Lei Maria da Penha; – Procedimentos específicos do Juizado da Violência Doméstica e suas repercussões nos procedimentos de Direito de Família; – Divórcio imediato para situações de violência doméstica.

25ª Aula:

– Alimentos; – Prestação de alimentos: conceito, finalidades, abrangência, fundamentação; – Espécies, características, pressupostos, sujeitos da obrigação alimentícia; – Limites da obrigação alimentar; – Lei de Alimentos; – Análise e procedimentos da Lei de Alimentos; – Questões procedimentais da Lei de Alimentos.

26ª Aula:

– Da transação no direito de alimentos; – Exigência de contraditório para fins de exoneração da pensão; – Alimentos transitórios; – Alimentos provisórios devidos até o final da demanda; – Não aplicação de efeito suspensivo nos recursos de apelação; – Coisa julgada e direito de alimentos; – Cláusula impeditiva de pleito revisional e suas discussões.

27ª Aula:

– Exoneração de Alimentos; – Da execução de alimentos; – Execução de verbas não alimentares; – Execução de alimentos provisórios com valor diferente do fixado na sentença; – Alimentos na perspectiva processual; Ação, execução, exoneração e outras demandas relativas ao tema; – A tormentosa questão da renúncia dos alimentos no Direito de Família.

28ª Aula:

– Questões complexas sobre o Direito de Alimentos: – Alimentos gravídicos (fundamentação legal, hipóteses e regras gerais); – Alimentos compensatórios; – Medidas de urgência no Direito de Família; – Alimentos entre pessoas do mesmo sexo; – Alimentos nos casos de poliamor; – Alimentos para animais de estimação.

29ª Aula:

– Análise de casos concretos sobre o Direito de alimentos; – Análise crítica de textos previamente encaminhados para leitura e reflexão da turma; – Participação dos alunos através de exposição oral e de debates.

30ª Aula:

– Regime de Bens; – Introdução ao Regime de bens; – Conceito e princípios dos regimes de bens; – Da ação de alteração do regime de bens; – Regras gerais quanto ao regime de bens; – Pacto antenupcial. Conceito e regras; – Reconfiguração do pacto antenupcial (questões assistenciais e questões patrimoniais); – Regras gerais e especiais quanto ao regime de bens.

31ª Aula:

– Regime da comunhão parcial; – Regime da comunhão universal de bens; – Regime da Separação de bens; – Regime da participação final nos aquestos; – Construção de regimes próprios, de acordo com as necessidades dos nubentes; – Regimes mistos; – Eficácia dos regimes de bens sobre terceiros; – Regimes de bens e divisão de bens na herança.

32ª Aula:

– Contratualização do Direito de Família; – O declínio do "amor romântico": impactos no Direito de Família; – Espaços do "direito" e do "não direito" no Direito de Família; – Perspectivas contemporâneas da autonomia da vontade; – Direito de Família Mínimo; – A família na pós-afetividade; – Pactos pré-nupciais; – Pactos intrafamiliares; – Pactos pós-divórcio; – Cláusula Penal nos contratos de Direito de Família.

33ª Aula:

– Análise de textos literários aplicados ao Direito de Família; – Comentários dos alunos sobre os livros de cunho jurídico e literário indicados para leitura no início do semestre; – Recebimento dos fichamentos dos alunos sobre os textos indicados; – Participação oral dos alunos.

34ª Aula:

– Direito assistencial; – Família substituta e sua formalização; – Hipóteses de aplicação de família substituta no Direito brasileiro; – Guarda do Estatuto da Criança e do Adolescente e no Código Civil; – Limites e atribuições da guarda no âmbito das Varas de Família; – Efeitos previdenciários da guarda e a jurisprudência do STJ; – Guarda como elemento de caracterização de vinculação afetiva, e sua utilização nas ações de reconhecimento de filiação afetiva.

35ª Aula:

– Tutela; – Conceitos, requisitos e aplicabilidade da matéria; – Dos tutores; – Dos incapazes de exercer a tutela; – Da escusa dos tutores; – Do exercício da tutela; – Dos bens do tutelado; – Da prestação de contas; – Da cessação da tutela; – Apadrinhamento civil.

36ª Aula:

– Curatela; – Conceitos, princípios e extensão; – Dos interditos; – Da curatela do nascituro e do enfermo ou portador de deficiência física; – Do exercício da curatela; – Da Tomada de Decisão Apoiada; – Procedimento judicial da TDA; – Interpretação do Estatuto da Pessoa com Deficiência no âmbito do Direito de Família.

37ª Aula:

– Direito de Família e questões de gênero; – Reflexões sobre a repersonalização no Direito de Família: inclusão da temática de gênero no contexto do Código Civil; – Transexualidade; – Intersexo; – Questões ideológicas sobre gênero; – Identidade de gênero e sua repercussão nos institutos de Direito de Família.

38ª Aula:

– Aula baseada em metodologias ativas: sala de aula invertida e estudos de casos concretos. Tema: Direito Assistencial, violência doméstica e interdição; – Elaboração de um termo de Tomada de Decisão Apoiada por cada um dos alunos da turma;

39ª Aula:

– Bem de família; – Conceito, natureza jurídica e requisitos; – Das modalidades de bem de família previstas no ordenamento jurídico brasileiro; – A construção jurisprudencial sobre o bem de família à luz do estatuto do patrimônio mínimo; – Das exceções à impenhorabilidade do Bem de Família; – Da fraude na constituição do bem de família legal; – Aplicação da jurisprudência do STJ sobre a matéria do Bem de Família.

40ª Aula:

– Direito Internacional de Família; – Direito de Família no plano internacional; – Casamento sobre a perspectiva do Direito Internacional; – Divórcio: elementos de conexão e normativa internacional; – Filiação: presunções, elementos de conexão, nacionalidades e reconhecimento; – Adoção internacional; – Alimentos no plano internacional; – Guarda e visitação no plano internacional.

CAPÍTULO 19

DISCIPLINAS COMPLEMENTARES E DE APROFUNDAMENTO NO DIREITO DE FAMÍLIA

Conforme mencionado anteriormente, o desenvolvimento científico e a autonomia jurídica do Direito de Família no Brasil foram tão significativos após a entrada em vigor da Constituição Federal de 1988 que o volume de conteúdos que foram progressivamente sendo incluídos no rol de matérias abrangidas é enorme. Seria, inclusive, possível dizer que, a depender da opção metodológica do Projeto Político Pedagógico de cada Curso de Direito, seriam necessários dois semestres letivos para abranger, na totalidade e com um mínimo de aprofundamento, o volume de matérias a cargo do docente deste componente curricular.

Entretanto, ao contrário do cenário ideal (segundo o qual o professor poderia desenvolver a disciplina com o tempo ao seu favor), algumas "novas" matérias passaram a ser obrigatórias para a grade do Curso de Direito, que continua sendo ministrado, de forma regular, em média ao longo de 05 (cinco) anos, ou 10 (dez) semestres letivos. Tal "aperto" na estrutura curricular atende, muitas vezes, aos interesses de Instituições de Ensino Superior particulares, cujos alunos não aceitariam, por conta das mensalidades, que o curso se estendesse além do tradicional período quinquenal.

A alterativa encontrada é a oferta de disciplinas complementares ou paralelas à disciplina base e obrigatória do Direito Civil – Família. A maior parte das faculdades de Direito no Brasil se utiliza da denominação genérica "Tópicos Especiais", para ofertar componentes curriculares que estejam caracterizados por essa demanda de flexibilização da grade curricular, aprofundamento em certas áreas do Direito e canalização dos estudos para núcleos específicos da Graduação.

Para o Direito de Família e suas especificidades, sugerimos duas disciplinas dessa natureza e com tais finalidades, acostados na experiência frutífera de oferta das mesmas no Curso de Direito a Universidade Federal do Rio Grande do Norte – UFRN, chamadas "Tópicos Especiais de Direito de Família I" e "Tópicos Especiais de Direito de Família II", cujo teor e conteúdo passa a ser explicitado a seguir.

19.1 Tópicos especiais de Direito de Família I

Trata-se de disciplina eminentemente de aprofundamento, sobre questões que o docente não consegue ministrar de forma regular ao longo do semestre letivo. Seu conteúdo inclui temas correlatos e paralelos ao conteúdo programático de Direito de Família, ao lado de temas outros, que guardam certo grau de independência da disciplina base, mas que com ela estão ligados por razões de tema, desenvolvimento lógico ou multidisciplinariedade.

Sempre respeitando a liberdade de cátedra do professor, seus objetivos e propostas pedagógicas, a sugestão de temas para a disciplina Tópicos Especiais de Direito de Família I é a seguinte:

Temas da Disciplina:
1. Planejamento Familiar – Lei do Planejamento Familiar e suas implicações no Direito de Família;
2. Ações de Filiação no Direito de Família Brasileiro;
3. Aprofundamento no Regime de Participação Final nos Aquestos;
4. Procedimentos de Direito de Família no âmbito da Lei de Registros Públicos;
5. Provimentos nº 63 e 83 – CNJ (reconhecimento voluntário e a averbação da paternidade e maternidade socioafetiva) e suas implicações no Direito de Família;
6. Provimento nº 73/2018 – CNJ (mudança de sexo e de gênero no Registro Civil via cartório) e suas implicações no Direito de Família;
7. A problemática dos bens adquiridos pelo cônjuge empresário, casado pelo Regime da Comunhão Parcial de Bens, e registrado exclusivamente em nome de um deles ou da pessoa jurídica;
8. Adoção Internacional
9. Casamento e divórcio na perspectiva do Direito Internacional Privado;
10. Guarda e sequestro Internacional de menores;
11. Alimentos no Direito Internacional;

12. Estatuto do Idoso e suas relações com o Direito de Família;
13. Família poligâmicas – validade, reconhecimento jurídico e legitimidade social;
14. *Homeschooling* – fronteiras do exercício do poder familiar;
15. DECRETO Nº 9.176, DE 19 DE OUTUBRO DE 2017. Promulga a Convenção sobre a Cobrança Internacional de Alimentos para Crianças e Outros Membros da Família e o Protocolo sobre a Lei Aplicável às Obrigações de Prestar Alimentos, firmados pela República Federativa do Brasil, em Haia, em 23 de novembro de 2007;
16. Divórcio entre pais e filhos;
17. Satisfação da dívida alimentar – questões complexas. Medidas punitivas, coercitivas e assecuratórias do pagamento: pena de prisão, pena de penhora, sub-rogação da pena de penhora na pena de prisão, protesto do pronunciamento judicial, retenção de passaporte e da CNH, desconto em folha e seus limites, constituição de capital;
18. Lei de escuta especializada – Lei nº 13.431 de 04 de abril de 2017;
19. Teoria do patrimônio mínimo e os meandros do pensionamento de alimentos;
20. Correntes críticas e desfavoráveis à alienação parental no Brasil. Análise reflexiva. Movimentos contrários ao tema;
21. Ideologia de gênero e sua implicação (ou não) na interpretação metodológica do Direito de Família;
22. As complexidades contemporâneas das famílias transnacionais;
23. Exceções previstas nos arts. 1.659, V e 1.668, V do Código Civil brasileiro, e os bens dos empresários individuais e/ou EIRELI, no exercício da atividade empresarial;
24. Alienação de bens imóveis sem outorga conjugal pelo empresário casado em regime de comunhão de bens;
25. Limites da incomunicabilidade na doação de quotas ou ações, pelo empresário casado;
26. Partilha de quotas sociais nas sociedades contratuais, nas hipóteses de divórcio e dissolução de união estável;
27. Contornos contemporâneos da "presunção do esforço comum" no Direito de Família brasileiro;
28. Construção de regras sucessórias nos regimes de bens atípicos;
29. Relações entre os padrões de consumo e as relações de família;
30. Relações entre Direito de Família e Direito Eleitoral.

19.2 Tópicos especiais de Direito de Família II

Diversamente da proposta de disciplina anteriormente apontada, os Tópicos Especiais de Direito de Família II sugerem, na sua totalidade, uma análise da perspectiva jurisprudencial de temas de Direito de Família.

Nesse desiderato, tem-se uma disciplina paralela do Direito de Família, mas que com ela dialoga intensamente, haja vista que praticamente todos os temas e conteúdos do ramo familiarista tem intensa repercussão através da análise das matérias nos Tribunais Estaduais e, sobretudo, do Superior Tribunal de Justiça.

A metodologia específica dessa disciplina se consubstancia na proposição de julgados, com a disponibilização de acórdãos aos discentes, bem como do inteiro teor do relatório e dos votos dos membros da Corte, a fim de que a plena complexidade de cada caso seja analisada pelos alunos. Debates em sala, produções escritas, relatos verbais e outros mecanismos didáticos de contextualização e leitura de julgados pelos alunos podem ser indicados aos alunos da disciplina.

Por fim, ressalte-se que tais disciplinas de Tópicos Especiais de Direito de Família têm carga-horária reduzida, normalmente com apenas um encontro semanal, em aula de 50 (cinquenta) minutos.

CAPÍTULO 20

MÉTODOS DE ENSINO E DE AVALIAÇÃO

A evolução dos métodos de ensino jurídico é demanda que, no Brasil, remonta ao ano de 1955, quando San Tiago Dantas preconizava a reforma do ensino jurídico nos moldes do sistema norte-americano (*case system*). Um pouco mais adiante, em 1969, Oscar Barreto filho sugeria, dentre outras alterações, a mudança do *case system* pelo *problem method*, além das aulas expositivas tradicionais. Na mesma época, Dalmo de Abreu Dallari indicava a integração universitária, a flexibilização do currículo, a promoção de aulas teóricas, seminários e organização de atividades extracurriculares.[61]

Como lembra Ada Pellegrini Grinover, em lição que continua extremamente atual e pertinente, tratando, à época da carreira da advocacia, mas que deve ser atualizada para todas as carreiras jurídicas disponíveis no mercado:

> O desenvolvimento exige do advogado uma visão mais ampla e a participação ativa no processo social, globalmente entendido. O advogado de hoje deve apreender os problemas contemporâneos, em constante evolução, e tratá-los a guisa de 'engenheiro social', substituindo, assim, o antigo advogado preocupado quase que exclusivamente com as atividades forenses, limitado ao estreito círculo de desempenho técnico.

E prossegue a professora da Universidade de São Paulo, com os olhos voltados para o ensino do Direito de Família nos dias atuais:

> A faculdade deve fornecer ao estudante os instrumentos necessários para investigar e encontrar a lei aplicável aos fatos concretos: ou seja, para operar com o direito, quer para atuar o já existente, quer para formar

---

[61] GRINOVER, 1977, p. 229.

novas leis. Toda decisão jurídica significa uma escolha ideológica e valorativa, e tem, consequentemente, implicações políticas. Um curso meramente técnico não preparará o jurista para tais decisões. [...] O currículo dos cursos jurídicos deve ainda ser complementado em uma estrutura semiflexível, por alguns cursos monográficos, distribuídos em áreas de interesse comum, para possibilitar ao aluno a escolha de sua linha de formação. A técnica da aula deve sempre estimular a postura crítica e a participação do aluno, aliando-se às aulas teóricas as práticas. A preparação intelectual deve ser contemplada pela aplicação dos conhecimentos a problemas reais ou imaginários, preferencialmente em nível interdisciplinar.

Contemporaneamente, a noção exata da dimensão do ensino, por parte do professor, bem como representatividade na formação jurídica e de compreensão do Direito, por parte do aluno, ocupam o cerne da relação de ensino e aprendizagem do Direito. Tal concepção tem sido mais bem delimitada quando se trata de escolhas sobre correntes teóricas, e bem menos quando se volta para os métodos de ensino e de construção da disciplina ou métodos de avaliação das matérias. Segundo José Garcez Ghirardi:

Uma das principais funções dos cursos jurídicos é a de formar a representação que os alunos farão do direito e do lugar que ele ocupa na vida social e política do país. A seleção de temas que o espaço universitário opera (o que ensinar?), a ordem de apresentação que propõe (quando ensinar?), a relevância relativa que estabelece entre áreas (quanto e com que profundidade ensinar diferentes temas?) e a forma de aferir a efetividade da formação (como avaliar?) articulam-se para formar um quadro que evidencia a noção de direito que se abraça em cada instituição. Essa noção fundamental, inscrita na estrutura profunda dos cursos e determinando cada aspecto de sua lógica de desenvolvimento, será decisiva para estabelecer a matriz a partir da qual os estudantes pensarão o direito e articularão sua prática profissional. No espaço de cada curso, esse entendimento irá determinar as fronteiras entre o que é essencial e o que é acessório, entre autores clássicos e menores, entre textos obrigatórios e complementares, entre temas prioritários e secundários etc. Cada professor, ao construir seu programa de ensino, deve forçosamente enfrentar o conjunto de escolhas e hierarquizações que constitui o recorte teórico e metodológico que define sua perspectiva docente. No Brasil, essas escolhas têm sido mais perceptíveis no campo das filiações teóricas do que na arena das opções metodológicas. De fato, a experiência quotidiana permite encontrar exemplos de diferença no campo das teorias mestras adotadas: basta correr os olhos sobre a bibliografia obrigatória e complementar de diferentes cursos, em diferentes universidades, para encontrar algum grau de variação, ainda que muitas vezes esta seja mais de ênfase que de corpus. O mesmo não se dá, contudo, no que diz respeito à metodologia de ensino adotada. Nesta dimensão, há uma homogeneidade quase absoluta, como se o modo de se falar sobre o direito fosse um não-problema, como se fosse uma forma ideologicamente neutra de se apresentar o fenômeno jurídico.[62]

E continua o professor da Fundação Getulio Vargas, referendando a dificuldade em se estabelecer métodos de aula e critérios para avaliação das disciplinas do Curso de Direito e, em especial, do Direito de Família, em citação extensa, mas necessária:

A lógica de se entender o conhecimento como algo mais ou menos estável, a forma e a função da autoridade, o espaço da autonomia do sujeito, da diversidade, da liberdade e da transgressão – temas centrais para o direito – são negociados diuturnamente em sala de aula. A aparente inocência das pequenas práticas quotidianas é tudo menos inocente e não raro aponta sentidos que contradizem, denunciam ou desautorizam o discurso explícito das exposições. Haveria muito que dizer talvez, sobre as conexões entre os modos de construção das relações de poder no espaço universitário e a lógica de intervenção das instituições jurídicas em trocas sociais mais amplas – para darmos apenas um exemplo do tipo de investigação a que se está aludindo. Nesse sentido, parece difícil negar a relação entre os modos de pensar uma ciência e o modo de ensiná-la, entre os modos de pensar o direito e os de ensiná-lo. E esse ensino se dá por meio de um conjunto de práticas diuturnas cujo funcionamento profundo como matriz e reforço de construções ideológicas não deixa de existir, nem perde relevância, porque muitas vezes silenciado. Dentro dessas práticas, a avaliação ocupa lugar central. É ela o instrumento pelo qual o professor determina aquilo que, de fato, tem valor para seu entendimento de direito. É ela que, revestida necessariamente de um caráter de escolha, de construção, de arbitrariedade permite explicitar as opções que cada docente realiza ao transformar sua visão do fenômeno jurídico em prática de ensino jurídico. Diferentes formas apontarão para diferentes concepções. Os modos de valorar mais ou menos, deste ou daquele modo, por exemplo, a capacidade argumentativa, o conhecimento do direito positivo, a capacidade de resolver problemas, a habilidade de atuar em grupo são não apenas índices imediatos de um entendimento específico do que seja ensinar direito, do que seja compreendê-lo como fenômeno, mas

---

[62] GIRARDHI, 2010.

também índices mediatos do modo de entender a natureza do jurídico e a função da Universidade. Adotar um ou outro modo de avaliação é, assim, uma escolha cheia de implicações, ainda mais importantes quando esta opção é percebida como neutra, automática, ou não problemática. Em outros termos: a análise dos processos e mecanismos de avaliação torna-se mais crucial quando eles se apresentam como uma não escolha, como implementação pura e simples de um instrumento avaliativo cuja relevância e pertinência são um a priori, fundado na tradição ou no costume, sem qualquer ligação relevante com perspectivas teóricas adotadas ou conceitos de ciência preferidos. Se a natureza do direito é problemática e seu sentido politicamente controverso, então seria de se esperar que a forma de apresentá-lo e as estratégias de construí-lo e avaliá-lo como objeto de ensino tendessem antes à heterogeneidade que a seu contrário. O silêncio sobre o tema – como, aliás, o silêncio sobre quase tudo que se refere especificamente à sala de aula no ensino do direito – revela uma forma bastante difundida de significar a Universidade, mas não esvazia o problema de seu sentido, nem diminui sua relevância. Esse silêncio sugere, antes, a necessidade de estender, também para esta área, o debate sobre o ensino jurídico no Brasil. Isto implicaria, por exemplo, discutir abertamente as diferentes funções da avaliação (pedagógica, certificatória, formativa, sumativa etc.), a relação entre elas e entre diferentes métodos de ensino, bem como o sentido que têm e o lugar que ocupam no desenho de cada curso e de sua proposta pedagógica de fundo.[63]

No Direito de Família, portanto, a construção metodológica deve se pautar pela natureza da disciplina e pela problemática do seu conteúdo, consoante com as transformações que a norma codificada, doutrina e jurisprudência atravessam relativos à temática. Discutir e implementar distintas modalidades de avaliação, bem como suas funções na relação moderna de ensino aprendizagem, deve ser atribuição necessária de cada professor, antes do início do semestre letivo, quando da estruturação e programação do componente curricular.

20.1 Métodos sugeridos

A sugestão de métodos, neste contexto, é meramente ilustrativa, haja vista que o docente somente poderá escolher, de forma precisa e definitiva, qual será a metodologia a ser utilizada em sala, após a observância de diversos fatores, com destaque para as regras próprias de

---

[63] GIRARDHI, 2010.

cada Instituição de Ensino Superior, tamanho e perfil da turma, carga-
-horária disponível para a disciplina, critérios avaliativos previstos no
Plano de Curso, métodos de avaliação, Programa da Disciplina, recursos
tecnológicos disponíveis para uso pelo professor, interdisciplinaridade
e transversalidade entre os componentes curriculares, estrutura física
das salas de aula etc.

Lembra o professor José Fernando Simão, quando tratando do
paradoxo do ensino contemporâneo de Direito de Família no Brasil,
que um dos eixos que precisa ser transformado é a superação do velho
modelo de aulas meramente expositivas, com pouca ou nenhuma
participação dos alunos. Ensina o mestre das Arcadas, apontando
sugestão metodológica própria para a disciplina:

> O ensino tradicional por meio de aulas-palestras, se já é insuficiente em
> termos gerais, é caótico para fins de Direito de Família. Nesses novos
> tempos, o professor que ministra a disciplina necessariamente deve
> iniciar suas reflexões com a abordagem interdisciplinar e principiológica.
> Textos na área da psicanálise (aplicados ao Direito de Família) devem,
> necessariamente, ser objeto de leitura dos alunos que, por meio de debates
> em grupos pequenos (acompanhados de monitores), possam refletir e
> compreender a complexidade do Direito de Família.[64]

E segue o ilustre professor, em bela passagem sobre a função de
"construção do conhecimento" do docente, como exemplo de método
para a matéria que serve aos objetivos deste estudo:

> A adoção de um manual [...] como texto-base é bom para o aluno ter
> um mínimo de referência. Isso não dispensa e, pelo contrário, exige a
> adoção de textos complementares. Após a leitura dos textos, o debate em
> pequenos grupos de, no máximo sete alunos, o docente desenvolve sua
> função de construção do conhecimento. Em temas menos dogmáticos,
> esta pode e deve se dar por questionamentos, na forma socrática, de
> se refletir, debater, para depois concluir (se possível for a conclusão).
> Com essa forma diferente de se ensinar, com o reconhecimento da
> interdisciplinaridade, com os métodos instigantes de construção do
> conhecimento e com a divisão do programa de modo a privilegiar temas
> atuais e controvertidos, o ensino do Direito de Família nas universidades
> superará o paradoxo: a família mudou, o Direito de Família mudou,
> mas seu ensino não.[65]

---

[64] SIMÃO, 2012.
[65] SIMÃO, 2012.

Ao contrário do que se faz tradicionalmente, seria necessário estabelecer um conjunto de atividades que tornem o aprendizado mais dinâmico, coerente com os recursos tecnológicos que a atual geração de discentes dispõe ao alcance de um toque. Alunos participativos em sala precisam de motivação, nesse sentido, por parte dos professores.

Vencer o volume incrível de conteúdo (de boa e má qualidade) disponível na rede mundial de computadores, reconstruindo a segurança do aprendizado em sala de aula, e a insuperável experiência física entre professores e alunos é o desafio metodológico dos docentes no início de cada semestre letivo.

Assim, apresentamos as seguintes sugestões de metodologia para as aulas de Direito de Família:

- Aulas expositivas e dialogadas com utilização de textos, *Data show* e quadro-branco;

- Resolução de casos práticos e de "estudos de caso";

- Análise e interpretação jurisprudencial, tanto dos Tribunais Estaduais quanto do Superior Tribunal de Justiça e do Supremo Tribunal Federal;

- Atividade escrita em sala com problemas práticos e teóricos;

- Seminários sobre temas específicos, em grupos ou individualmente;

- Atividade de leitura, compreensão e discussão de textos específicos, indicados para análise de temas complementares ao Direito de Família, sobretudo com destaque para a interdisciplinaridade e transversalidade dos conteúdos;

- Atividade de leitura, compreensão e discussão de livros de cunho jurídico ou literários relacionados ao Direito de Família;

- Atividades de discussão, debate e compreensão de filmes e documentários sobre temas de Direito de Família;

- Questões semanais manuscritas e respondidas com base na literatura jurídica;

- Simulação de audiências inspiradas na Prática Jurídica;

- Encenações teatrais para simular casos concretos, relacionados a temas específicos da disciplina;

- PBL;[66]

- Estudos dirigidos com questões teóricas de aprofundamento, para serem realizados em casa e entregues na data aprazada;

- Resolução de questões de concurso sobre o tema Direito de Família;

- Discussão em grupos de pequenos de alunos, sempre conduzidos pelos monitores da disciplina, e supervisionados pelo professor.

20.2 Avaliações sugeridas

A avaliação consiste em uma das etapas mais difíceis para o professor da disciplina Direito de Família. O conjunto volumoso de temas e conteúdos não se adapta bem aos modelos de avaliação tradicionais, em que o aluno necessita demonstrar ao docente o sucesso no aprendizado da matéria. Por outro lado, as diretrizes de avaliação de cada Instituição de Ensino Superior trazem para o docente a obrigação de averiguar o nível de sucesso dos alunos na relação de ensino-aprendizagem. Sobre o tema, José Carlos Libâneo assevera:

> A avaliação educacional é uma tarefa didática necessária e permanente no trabalho do professor, ela deve acompanhar todos os passos do processo de ensino e aprendizagem. É através dela que vão sendo comparados os resultados obtidos no decorrer do trabalho conjunto do professor e dos alunos, conforme os objetivos propostos, a fim de verificar progressos, dificuldades e orientar o trabalho para as correções necessárias. A avaliação insere-se não só nas funções didáticas, mas também na própria dinâmica e estrutura do Processo de Ensino e Aprendizagem. A avaliação é um elemento muito importante no processo de ensino e aprendizagem, porque é através dela que se consegue fazer uma análise dos conteúdos tratados num dado capítulo ou unidade temática. A avaliação reflete sobre o nível do trabalho do professor como do aluno, por isso a sua realização não deve apenas culminar com atribuição de notas aos alunos, mas sim deve ser utilizada como um instrumento de coleta de dados sobre o aproveitamento dos alunos. Esta, porém, determina o grau da assimilação dos conceitos e das técnicas/normas; ajudam o professor a melhorar a sua metodologia de trabalho, também ajuda os alunos a

---

[66] PBL é uma sigla que vem do inglês, *Problem Based Learning*, que representa a Aprendizagem Baseada em Problemas (ABP) e, como o próprio nome diz, é a construção do conhecimento a partir da discussão em grupo de um problema.

desenvolverem a autoconfiança na aprendizagem do aluno; determina o grau de assimilação dos conceitos.[67]

O processo de avaliação da disciplina Direito de Família se dá, normalmente, em duas ou três avaliações, que de forma sugestiva passamos a demonstrar: na primeira unidade, 01 (uma) prova escrita com peso 10,0 (dez), sem consulta a qualquer código ou doutrina, nos termos previstos nas disposições regimentais de cada Instituição de Ensino Superior. Esta prova tem por objetivo avaliar os conhecimentos do aluno sobre as questões teóricas mais significativas do conteúdo analisado até aquele momento. Ainda, utiliza-se a produção escrita e reflexiva do discente para averiguar sua capacidade de exposição da matéria, seu grau de apreensão do conteúdo, bem como sua capacidade argumentativa. São escolhidos, assim, temas discursivos, complexos e com forte respaldo doutrinário, a fim de realizar uma atividade avaliativa subjetiva e homogênea com a turma.

No segundo momento, a avaliação poderá ser dividida em duas etapas. A primeira, realizada através de prova objetiva, também padronizada nos termos das disposições regimentais de cada Instituição de Ensino Superior. A segunda parte seria constituída da realização de seminários ou outras atividades, dentre as indicadas nos métodos de trabalho listados acima.

Na terceira etapa avaliativa, é possível a utilização, por parte do professor, de mecanismos mais dinâmicos e que possam levar o aluno a uma participação mais coletiva. Há relatos de professores que organizam PBLs; encenações para representar audiências ou sessões de julgamento; exposições orais sobre livros ou textos previamente indicados; gravação de vídeos sobre temas previamente definidos para as redes sociais ou plataformas acadêmicas; apresentação e discussão de filmes relacionados ao Direito de Família; elaboração de artigos científicos em equipe, com fins de publicação após a conclusão da disciplina, dentre infinitas outras possibilidades.

---

[67] LIBÂNEO, 1994.

CAPÍTULO 21

CONCLUSÕES

O ensino do Direito, no Brasil, continua sendo desafiador. As vicissitudes regionais, sociais e econômicas, aliadas à baixa qualidade geral dos alunos que chegam ao nível superior, são sintomáticos de um processo em constante necessidade de reflexão e análise crítica com fins de seu aperfeiçoamento. No caso da disciplina específica do Direito de Família, tais características peculiares são ainda mais sensíveis, as quais foram catalisadas por profundas transformações pelas quais a matéria atravessou nas últimas duas décadas, somadas a questões de ordem política, ideológicas e acadêmicas.

Questão de relevo e de interesse diz respeito a saber quando a disciplina de Direito de Família começou a ser lecionada no Brasil. Trata-se de matéria de cunho histórico e de difícil exatidão, porque o conteúdo do que hoje chamamos de Direito de Família estava incluído no rol de temas do que se chamava "Direito Civil pátrio", e vinha fundamentado em leis esparsas sobre o assunto, na tradição do antigo Direito Português e na doutrina estrangeira que chegava, aos poucos, ao Brasil. Estima-se, portanto, que a partir de 1912, de maneira regular, a disciplina de Direito de Família passou a ser ministrada, ininterruptamente, nos Cursos de Graduação em Direito no Brasil, como sendo uma disciplina obrigatória.

O desenvolvimento profundo do Direito Civil, no Brasil, ao longo das décadas, propiciou que correntes teóricas e interpretativas fossem sendo construídas e solidificadas no meio jurídico nacional. É necessário, antes de tudo, compreender como a disciplina de Direito de Família vem se enquadrando nesses meandros acadêmicos, e como os docentes da matéria, no decurso do tempo, foram, progressivamente, se apropriando de tais premissas, sobretudo após a entrada em vigor da Constituição Federal de 1988. Contemporaneamente, a proposta de crítica e reflexão sobre as perspectivas, estratégias de gestão, e técnicas acadêmicas acerca do tema "ensino do Direito de Família", pode ser implementada com o objetivo de encaminhar a disciplina para um contexto consentâneo com os tempos atuais.

Consoante ponderação oportuna de José Fernando Simão, o ensino do Direito de Família no Brasil ainda enfrenta significativo paradoxo entre o velho modelo de aulas expositivas, em forma de palestras, e as transformações interdisciplinares e de comportamento dos principais atores da sala de aula (alunos e professores) no contexto contemporâneo. Um dos eixos que mais necessita ser transformado é a superação do velho modelo de aulas meramente expositivas, com pouca ou nenhuma participação dos alunos.

Ao contrário do que se faz tradicionalmente, seria necessário estabelecer um conjunto de atividades que tornem o aprendizado mais dinâmico, coerente com os recursos tecnológicos que a atual geração de discentes dispõe ao alcance de um toque. Alunos participativos em sala precisam de motivação, nesse sentido, por parte dos professores.

Vencer o volume incrível de conteúdo (de boa e má qualidade) disponível na rede mundial de computadores, reconstruindo a segurança do aprendizado em sala de aula, e a insuperável experiência física entre professores e alunos, é o desafio metodológico dos docentes no início de cada semestre letivo.

Sobre o perfil dos professores de Direito de Família no Brasil, os dados coletados são bastante interessantes. No que tange à idade, a maior parte dos professores de Direito de Família do país, 41,7% (quarenta e um vírgula sete por cento) tem entre 30 (trinta) e 40 (quarenta) anos de idade, caracterizando um percentual de professores jovens ou de meia idade. Em percentual próximo, 36,7% (trinta e seis vírgula sete por cento) dos docentes que responderam à pesquisa têm entre 40 (quarenta) e 50 (cinquenta) anos.

Já acerca do gênero dos docentes, ampla maioria dos professores de Direito de Família no país se identificou como sendo do gênero feminino. 66,7 % (sessenta e seis vírgula sete por cento) dos docentes que responderam ao questionário se reportaram do gênero feminino. Para o gênero masculino, o percentual de respostas foi de 31,7% (trinta e um vírgula sete por cento). Em números muito reduzidos, encontramos também professores que se dizem transgêneros, no percentual de 0,8% (zero vírgula oito por cento).

Em relação ao nível acadêmico, a maior parte dos professores de Direito de Família no Brasil está, atualmente, no nível de Mestrado, o que representa 45% (quarenta e cinco por cento) do total das respostas cadastradas. 25,8% (vinte e cinco vírgula oito por cento), ou seja, pouco mais de um quarto dos entrevistados afirmou ser especialista, grau acadêmico considerado mínimo para os padrões de ensino superior no país. Já 19,2% (dezenove vírgula dois por cento) dos professores atingiram o nível de Doutorado. Chama bastante atenção o número de professores que declararam o nível acadêmico de Pós-Doutorado, em surpreendentes 5,8% (cinco vírgula oito por cento).

Ao serem questionados sobre a sua formação específica na área de Direito de Família, 64,2% (sessenta e quatro vírgula dois por cento) dos docentes que responderam à pesquisa afirmaram ser especialistas na matéria. Já 22,5% (vinte e dois vírgula cinco por cento) dos entrevistados informou não ser especialista na área, embora sejam professores da matéria em cursos de Graduação em Direito. São profissionais que asseguram trabalhar com áreas afins ao Direito de Família, mas que se dispõem a lecionar a matéria. Apenas 3,3% (três vírgula três por cento) dos professores asseguraram que não são da área específica nem correlata, isto é, seriam professores que não possuem nenhuma formação direta no conteúdo familiarista, mas ainda assim estariam lecionando a matéria.

Quando perguntados se são professores de dedicação exclusiva às atividades acadêmicas (ensino, pesquisa e extensão), ou se exercem outras atividades paralelas ao ensino, quase a totalidade dos entrevistados, 95% (noventa e cinco por cento), afirmaram trabalhar em outras áreas além do ensino, e apenas 5% (cinco por cento) são dedicados unicamente à docência.

Outra questão apresentada aos professores de Direito de Família do Brasil investiga há quanto tempo o docente exerce a atividade nesta área específica. As respostas foram as seguintes: 37,5% (trinta e sete vírgula cinco por cento) dos docentes informam que lecionam a matéria há mais de dez anos, representando um contingente de professores mais experientes e maduros na atribuição. 24,2% (vinte e quatro vírgula dois por cento) dos professores exercem a docência no ramo familiarista entre cinco e dez anos.

Ao serem questionados sobre seu grau de satisfação com os resultados obtidos pelos alunos na relação de ensino-aprendizagem na disciplina Direito de Família, 48,3% (quarenta e oito vírgula três por cento) dos docentes se disseram satisfeitos. Já 42,5% (quarenta e dois vírgula cinco por cento) se declararam muito satisfeitos, o que revela um percentual significativo e positivo nos dois primeiros grupos.

Em relação à elaboração da ementa da disciplina, restou identificado que constitui elemento de reflexão do docente da matéria, no contexto do Projeto Político Pedagógico do Curso de Direito e da liberdade de cátedra do professor. De modo geral, a ementa é relativamente fixa, não podendo ser livremente alterada. As adaptações que se fazem necessárias são, no mais das vezes, aprovadas pelo Colegiado do Curso, pelo Colegiado do Departamento, ou pelo Núcleo Docente Estruturante. Por essa razão, as ementas são extremamente variáveis. Algumas mostraram certo tradicionalismo na constituição da matéria, enquanto outras revelam um curso mais de vanguarda, arrojado e arejado nas suas propostas de ensino do Direito de Família. O encadeamento dos temas ao longo da ementa também é bastante variado.

Na imensa maioria dos Cursos de Direito, a disciplina Direito de Família é ministrada ao longo de um único semestre. Tal dado corresponde a 89,2% (oitenta e nove vírgula dois por cento) dos professores que responderam à pesquisa. Em menor proporção, 3,3% (três vírgula três por cento) temos casos de disciplinas de Direito de Família trabalhadas em dois semestres letivos (um ano inteiro de aulas do assunto). Apenas 2,5% (dois vírgula cinco por cento) dos professores informaram que a matéria é analisada em três semestres, ou seja, um ano e meio de aula.

Na elaboração da bibliografia, os autores mais citados, em ordem alfabética, foram os seguintes: Carlos Roberto Gonçalves, Cristiano Chaves de Farias, Flávio Tartuce, Nelson Rosenvald, Maria Berenice Dias, Paulo Lôbo e Rolf Madaleno, mas outros autores foram indicados pelos docentes, conforme lista trazida neste trabalho.

Na maior parte das Instituições de Ensino Superior analisadas na pesquisa, a disciplina Direito de Família é ministrada com carga-horária de 60 (sessenta) horas-aula. Isso significa, em média, dois encontros semanais, cada encontro com duas aulas de 50 (cinquenta) minutos cada. 50,8% (cinquenta vírgula oito por cento) dos professores entrevistados se manifestaram no enquadramento dessa carga-horária. Apenas 3,3% (três vírgula três por cento) dos professores indicaram disciplinas de Direito de Família com carga-horária de 120 (cento e vinte) horas, que embora não seja o ideal, representaria tempo de sala aula suficiente para analisar todo o conteúdo do componente curricular e ainda aprofundar alguns temas, realizar atividades extracurriculares e fazer estudo comparativo com matérias de disciplinas transversais ao tema.

Maior número de professores informou que não há, na grade curricular do Curso de Direito onde lecionam, disciplinas que sirvam para aprofundar ou tratar de temas específicos do Direito de Família, sobretudo temas que, em face da extensão do conteúdo e da carga-horária disponível, não podem ser analisados com o devido rigor teórico e abordagem prática devida.

No que tange ao contexto religioso e sua abordagem nas aulas de Direito de Família, maioria dos professores informa que não leva em consideração, a perspectiva religiosa, correspondente a 62,5% (sessenta e dois vírgula cinco por cento). Já 37,5% (trinta e sete vírgula cinco por cento) declara que sim, leva em consideração questões religiosas no contexto do Direito de Família. Note-se que a diferença entre os percentuais não é tão significativa, mostrando que os professores da matéria estão relativamente divididos sobre o assunto.

Parte significativa dos professores afirmaram que contextualizam suas aulas de Direito de Família com aspectos regionais ou locais, além de conteúdo de ordem econômica. 90,8% (noventa vírgula oito por cento) dos docentes fazem essa interligação entre o Direito de Família a realidade na qual os alunos estão inseridos.

Já 95% (noventa e cinco por cento) dos professores que responderam à questão sobre a disponibilidade e uso de tecnologias na disciplina afirmaram que usam tais recursos em suas aulas. Apenas 5% (cinco por cento) disseram não dispor de recursos de ordem tecnológica, ou que tais recursos, embora disponíveis na Instituição de Ensino Superior, não são utilizados nas aulas de Direito de Família. Para esta minoria, a justificativa principal é que as aulas de Direito de Família ainda são lecionadas de forma eminentemente expositivas.

Estudar o ensino do Direito de Família perpassa a necessidade de verificar como ela é pensada, planejada e construída pelos docentes, no país. A liberdade de cátedra foi apontada como elemento característico para estruturação das aulas e do contexto geral do componente curricular. A identificação plena da disciplina de Direito de Família, na contemporaneidade, possibilitou anotar, de forma sistemática, quais suas dificuldades e desafios, mas também suas potencialidades. Reconhecer seu exato conteúdo, analisar suas fontes e construir o plano de curso da disciplina são indispensáveis para o reconhecimento do "estado da arte" da Disciplina Direito de Família, no Brasil.

Nesse sentido (e, sobretudo, para auxílio em termos comparativos para outros docentes da matéria) foi indicada sugestão bibliográfica de forma detalhada: bibliografia geral brasileira após a Constituição Federal de 1988, bibliografia brasileira específica e complementar, anotada por grandes divisões do programa para ensino da disciplina Direito de Família, bibliografia interdisciplinar e a bibliografia estrangeira, distribuída por países com os quais o Direito Brasileiro estabelece relações mais próximas de diálogo legislativo e acadêmico.

Identicamente, foi apontada uma sugestão de ementa para a matéria, seu conteúdo programático e o plano de aulas para a disciplina semestral de Direito de Família. Ainda, foram trazidos, mais uma vez a título de sugestão, o cronograma de aulas, assunto por assunto, aula por aula e as indicações de disciplinas complementares e de aprofundamento do tema.

Finalmente, foi dado enfoque aos métodos de ensino e de avaliações, através de indicações sugestivas e exemplificativas para construção das aulas e de atividades avaliativas. Ao final do texto, segue, em apêndice, a lista de instituições cujos docentes de Direito de Família responderam ao questionário que serviu para elaboração deste trabalho.

Segundo a maior parte dos professores, a reformulação do Plano de Curso e a atualização da ementa da bibliografia de Direito de Família é feita semestralmente. Alguns professores relataram que atualizam estes dados pedagógicos uma vez por ano. Para outros, em número mais reduzido, a cada dois anos. Mais raros ainda os que informaram que tal modificação se dá a cada cinco anos, que é um prazo excessivamente elástico para tanto.

Sobre a pergunta acerca da existência de livros atualizados de Direito de Família na biblioteca física ou digital na biblioteca da Instituição de Ensino Superior em que o docente leciona, 82,5% (oitenta e dois vírgula cinco por cento) dos professores afirmaram que há sim acervo atualizado para a bibliografia da disciplina. Outros 17,5% (dezessete vírgula cinco por cento) reportaram, infelizmente, que trabalham em Cursos de Direito cujos acervos (físicos e virtuais) de Direito de Família não são atualizados, gerando prejuízos graves e previsíveis, tanto aos alunos quanto aos professores.

Sobre a correlação entre a disciplina Direito de Família e as disciplinas de Prática Jurídica, na pesquisa direcionada aos docentes de Direito de Família do país, 80% (oitenta por cento) informou que há sim inter-relação entre a matéria e a disciplina de prática jurídica. Algumas Instituições de Ensino Superior, inclusive, relataram convênios com a Defensoria Pública do Estado, para fins de atividades de prática jurídica. Apenas 20% (vinte por cento) dos professores informaram que não existe relação entre as duas matérias, ao longo do Curso de Direito.

No que tange a interdisciplinaridade, foi necessário recordar que a interdisciplinaridade qualifica o que é comum a duas ou mais disciplinas ou outros ramos do conhecimento. É o processo de ligação entre as disciplinas. O Direito de Família, por ser fruto de uma construção social é, por natureza, interdisciplinar. Várias são as possibilidades de "diálogo" entre o Direito de Família e outros ramos do conhecimento jurídico e das ciências humanas em geral. Nesse diapasão, 90% (noventa por cento) dos professores afirmaram haver interdisciplinaridade e transversalidade entre o Direito de Família e outras disciplinas. 10% (dez por cento) negaram a interdisciplinaridade com o ramo familiarista, tratando a matéria de forma isolada dos demais componentes curriculares.

Questionados sobre a utilização, em sala de aula, pelo professor, de alguma linha teórica interpretativa do Direito Civil ou do próprio Direito de Família (por exemplo, a linha do Direito Civil Constitucional ou do Direito Civil Contemporâneo), 41% (quarenta e um por cento) dos professores responderam que utilizam a linha do Direito Civil Constitucional nas aulas de Direito de Família. 35% (trinta e cinco por cento) utilizam a linha do Direito Civil Contemporâneo. Por fim, 24% (vinte e quatro por cento) dos docentes informam que apresentam ambas as linhas teóricas, mas preferem não adotar especificamente nenhuma das duas correntes, deixando os alunos livres para fazerem suas escolhas teóricas e metodológicas para fins de interpretação da matéria.

Sobre a análise integral ou parcial do conteúdo de Direito de Família ao longo do período letivo, apenas 0,8% (zero vírgula oito por cento) dos professores informam que conseguem cumprir toda a matéria prevista no Plano de Curso, o que representa um sinal de alerta para os professores de Direito de Família do Brasil. 30% (trinta por cento) dos professores informam que tentam concluir o programa na integralidade, mas que por conta do volume de matéria, vários temas são vistos de forma rápida e superficial, sem o devido aprofundamento necessário para a complexidade do assunto.

Acerca da análise, durante a disciplina de Direito de Família, das Leis Civis Especiais do Direito de Família, 80% (oitenta por cento) dos professores relataram incluir, nas suas aulas, as Leis Civis Especiais do Direito de Família. Apenas 20% (vinte por cento) dos professores afirmaram não utilizar as referidas normas, sobretudo por falta de tempo para tanto, haja vista o volume de conteúdo de Direito de Família ser bastante extenso.

As principais leis tratadas pelos professores, segundo suas respostas abertas, são as seguintes: Lei de Alimentos (Lei nº 5.478/1968); Lei de Alimentos Gravídicos (Lei nº 11.804/2008); – Lei de Investigação de Paternidade (Lei nº 8.560/1992); Leis da União Estável (Lei nº 8.971/1994 e Lei nº 9.278/1996); – Lei do Bem de Família (Lei nº 8.009/1990); Lei da Alienação Parental (Lei nº 12.318/2010).

Finalmente, quando indagados sobre a utilização regular de estudos de casos na disciplina Direito de Família, 90,8% dos professores que responderam à pesquisa afirmaram que utilizam estudos de casos nas aulas de Direito de Família. Essa análise pode ser feita com casos fictícios, montados apenas para a realização das atividades em sala, ou casos reais. É possível utilizar casos concretos de processos judiciais já encerrados e arquivados, ou análise de jurisprudências previamente selecionadas. Apenas 4,2% (quatro vírgula dois por cento) dos professores afirmaram não utilizar casos concretos nas aulas.

REFERÊNCIAS

AGUIRRE, Carlos Martínez. *Diagnóstico sobre El Derecho de Familia*. Ediciones Rialp: Madrid, 1996.

AGUIRRE, Carlos Martínez. *The Evolution of Family Law*: Changing the Rules or Changing the Game. Disponível em: www.academia.edu. Acesso em: 12 fev. 2015.

ALVES, Leonardo Barreto Moreira. *Direito de Família Mínimo*. Rio de Janeiro: Lumen Juris, 2010.

AMARAL, Francisco. *Direito Civil*: Introdução. Rio de Janeiro: Renovar, 2003.

AUERBACH, Jerold S. Justice without Law? (Justiça sem Direito). Oxford University Press. 1984. Disponível em: http://www.arcos.org.br/livros/estudos-de-arbitragem-mediacao-e-negociacao-vol4/parte-ii-doutrina-parte-especial/justica-sem-direito. Acesso em: 04 fev. 2019.

BEVILÁCQUA, Clóvis. *História da Faculdade de Direito do Recife*. Conselho Federal de Cultura: Brasília, 1977.

BOAVENTURA, Edivaldo Machado. aspectos juspedagógicos da educação. *In*: *Direito Educacional*: aspectos práticos e jurídicos. São Paulo: Quartier Latin, 2008.

CARBONERA, Silvana Maria. *O ensino do Direito de Família no Brasil*: algumas reflexões possíveis. Disponível em: file:///C:/Users/VISITANTE/Documents/Ensino%20do%20 Direito%20de%20Família%20no%20Brasil/Ensino%20-%20Direito%20de%20Família%20 -%20Carbonera.pdf. Acesso em: 20 jan. 2019.

CARBONNIER, Jean. *Derecho Flexible*: para una sociología no rigurosa del derecho. Madrid: Editorial Tecnos, 1974.

CHAVES, Antônio. Formação histórica do Direito Civil brasileiro. *Revista da Faculdade de Direito*, Universidade de São Paulo, v. 95, p. 57-105, 2000. Disponível em: http://www. revistas.usp.br/rfdusp/article/view/67456. Acesso em: 17 dez. 2019

CORDEIRO, Antônio de Menezes. *Da modernização do Direito Civil*: aspectos gerais, Coimbra: Almedina, 2004.

DANTAS, San Tiago. *Direitos de Família e das Sucessões*. Rio de Janeiro: Forense, 1991.

DANTAS, San Tiago. *A educação jurídica e a crise brasileira*. Aula inaugural dos cursos da Faculdade Nacional de Direito, 1955. Disponível em: https://www.santiagodantas.com. br/discurso/a-educacao-juridica-e-a-crise-brasileira/. Acesso em: 16 dez. 2019.

DOMINGUEZ, Andres Gil; FAMA, Maria Victoria; HERRERA, Marisa. *Derecho Constitucional de Familia*. Buenos Aires: EDIAR, 2006. t. I.

FACHIN, Luiz Edson. A tríplice paternidade dos filhos imaginários. *In*: ALVIM, Teresa Arruda (Coord.). *Direito de Família*. São Paulo: Revista dos Tribunais, 1995.

FARIAS, Cristiano Chaves; ROSENVALD, Nelson. *Direito das Famílias*. Rio de Janeiro: Lumen Juris, 2011.

GRINOVER, Ada Pellegrini. *Verbete sobre ensino Jurídico. Enciclopédia Saraiva de Direito*. v. 32. Rubens Limongi França (Coord.). São Paulo: Saraiva, 1977.

GHIRARDI, José Garcez (Coord.). Avaliação e métodos de ensino do Direito. *Cadernos Direito GV*, São Paulo, v. 7, n. 5, set. 2010. Disponível em: http://bibliotecadigital.fgv.br/dspace/bitstream/handle/10438/7851/Caderno%20Direito%20GV%20-2037%20-%20site.pdf?sequence=5&isAllowed=y. Acesso em: 23 dez. 2019.

GHIRARDI, José Garcez; FEFERBAUM, Marina. *Ensino Jurídico em Debate: Reflexões a partir do 1º Seminário de Ensino Jurídico e Formação Docente* – Prefácio. São Paulo: Direito GV, 2013.

HIRONAKA, Giselda Maria Fernandes Novaes. A família brasileira contemporânea e o ensino do Direito de Família nos cursos jurídicos. *Revista da Faculdade de Direito*, Universidade de São Paulo, v. 109, p. 891-901, 2014. Disponível em: http://www.revistas.usp.br/rfdusp/article/view/89267. Acesso em: 15 jan. 2019.

LIBÂNEO, José Carlos. *Didática*. São Paulo: Cortez, 1994.

LÔBO, Paulo. Educação: o ensino do Direito de Família no Brasil. *In*: PEREIRA, Rodrigo da Cunha (Coord.). *Repensando o Direito de Família*: Anais do I Congresso Brasileiro de Direito de Família. Belo Horizonte: Del Rey, 1999. Disponível em: http://www.ibdfam.org.br/assets/upload/anais/57.pdf. Acesso em: 21 mar. 2019.

MALAURIE, Philippe; FULCHIRON, Hugues. *La Famille*. Paris: Lextenso Éditions, 2001.

MORAIS, Alexandre. *Direito constitucional*. 24. ed. São Paulo: Atlas, 2009.

NUNES, Teresa. Como fazer um plano de ensino? *Pontodidática*, 15 ago. 2017. Disponível em: https://pontodidatica.com.br/como-fazer-um-plano-de-ensino/. Acesso em: 09 dez. 2019.

PEREIRA, Caio Mário da Silva. *Instituições de Direito Civil*: Direito de Família. Rio de Janeiro: Forense, 2006.

PEREIRA, Lafayette Rodrigues. *Direitos de Família*. Rio de Janeiro: Virgílio Maia Editores, 1918. Disponível em: http://www.stf.jus.br/bibliotecadigital/DominioPublico/38628/pdf/38628.pdf. Acesso em: 19 dez. 2019.

PEREIRA, Rodrigo da Cunha. *Dicionário de Direito de Família e Sucessões Ilustrado*. São Paulo: Saraiva, 2015.

PEREIRA, Rodrigo da Cunha. *Princípios fundamentais norteadores do Direito de Família*. São Paulo: Saraiva, 2012.

PINHEIRO, Jorge Duarte. *O Ensino do Direito de Família Contemporâneo*. Lisboa: AFDL, 2010. 437 p.

PONTES DE MIRANDA, Francisco Cavalcante. *Sistema da Ciência Positiva do Direito*. Tomo I. Atualizado por Vilson Rodrigues Alves. Campinas: Bookseller, 2000.

PONTES DE MIRANDA, Francisco Cavalcante. *Tratado de Direito Privado*. Parte Especial. Tomo IX – Direito de Família: direito parental. Atualizado por Rosa Maria Barreto Borriello de Andrade Nery. São Paulo: Revista dos Tribunais, 2012.

REGIMENTO da Faculdade de Direito do Recife – 1916, Imprensa industrial, Recife: 1916. Disponível em: https://repositorio.ufpe.br/bitstream/123456789/29907/1/RI_FDR_1916_reconhecido-compressed.pdf. Acesso em: 19 dez. 2019.

RICHTER, André. Pesquisa do CNJ aponta 80 milhões de processos em tramitação no país. Agência Brasil, 27 ago. 2018. Disponível em: http://agenciabrasil.ebc.com.br/justica/ noticia/2018-08/pesquisa-do-cnj-aponta-80-milhoes-de-processos-em-tramitacao-no-pais. Acesso em: 26 dez. 2019.

SIMÃO, José Fernando. O ensino do Direito de Família: um paradoxo a ser superado. *Boletim do Instituto Brasileiro de Direito de Família*, n. 76, ano 12, set./out. 2012. Disponível em: http://professorsimao.com.br/ibdfam_76_12.pdf. Acesso em: 23 dez. 2019.

TARTUCE, Flávio. *Direito de Família*. São Paulo: Forense/GEN, 2019.

TEPEDINO, Gustavo. A família entre autonomia existencial e tutela de vulnerabilidade. *Consultor Jurídico*, 21 mar. 2016. Disponível em: http://www.conjur.com.br/2016-mar-21/ direito-civil-atual-familia-entre-autonomia-existencial-tutela-vulnerabilidades. Acesso em: 29 mar. 2016.

VALLADÃO, Haroldo. *História do Direito, especialmente do Direito brasileiro*. Rio de Janeiro: Biblioteca Jurídica Freitas Bastos, 1977.

VÁZQUEZ, José M. Castán. Prólogo. *In*: PERRINO, Jorge Oscar. *Derecho de Familia*. Buenos Aires: Lexis Nexis, 2006. t. I

Lista das Instituições de Ensino Superior que atenderam à pesquisa sobre o Ensino do Direito de Família no Brasil

Pesquisa – Ensino do Direito de Família no Brasil

Trata-se de uma pesquisa voltada aos docentes de Direito de Família de todo o país. O objetivo desta Primeira Seção é compreender e conhecer o professor (a) que ministra a disciplina Direito de Família nos Cursos de Graduação em Direito.
Endereço eletrônico da pesquisa:
Plataforma utilizada: Google Forms

Qual a Instituição de Ensino Superior em que a disciplina Direito de Família é ministrada? Qual a cidade e o Estado? (caso ministre a disciplina em mais de uma IES, favor informar)

Escola Paulista de Direito – EPD – São Paulo – SP

Faculdade Nova Roma – Recife – PE

Faculdade de Maceió – FAMA – Maceió – AL

Centro Universitário Una – Belo Horizonte – MG

Centro Universitário Una – BARREIRO – Belo Horizonte – MG

Centro Universitário Una. – Contagem – MG

Universidade Federal da Paraíba – UFPB / DCJ – Santa Rita – PB

Universidade Federal da Paraíba – UFPB – João Pessoa – PB

Faculdade IESP – João Pessoa – PB

Centro Universitário de João Pessoa – UNIPÊ – João Pessoa – PB

Fundação Escola Superior do Ministério Público do Estado da Paraíba – FESMIP – João Pessoa – PB

Pontifícia Universidade Católica do Paraná – PUCPR – Curitiba – PR

Universidade de Nova Iguaçu – UNIG – Nova Iguaçu – RJ

Faculdade Escola Superior de Administração, Marketing e Comunicação – ESAMC – Uberlândia/MG

Faculdade Pitágoras – Uberlândia – MG

Fundação Presidente Antônio Carlos – UNIPAC – Uberaba – MG

Instituição Toledo de Ensino – ITE – Bauru – SP

União de Ensino do Sudoeste do Paraná – UNISEP – Dois Vizinhos – PR

Centro Sulamericano de Ensino Superior – CESUL – Francisco Beltrão PR

Universidade Estácio de Sá – Cabo Frio – RJ

Instituto Brasiliense de Direito de Família – IDP – Brasília – DF

Universidade Cândido Mendes – Araruama – RJ

Universidade do Vale dos Sinos – UNISINOS – São Leopoldo – RS

Centro Universitário Salesiano de São Paulo – UNISAL – Lorena – SP

Centro Universitário Tabosa de Almeida – ASCES UNITA – Caruaru – PE

Universidade Estácio de Sá – Natal – RN

Universidade Nove de Julho – UNINOVE – São Paulo – SP

Escola Superior de Advocacia – ESA/PI – Teresina – PI

Universidade Estácio de Sá – Rio de Janeiro – RJ

Instituto Cuiabá de Ensino e Cultura – ICEC – Cuiabá – MT

Centro Universitário do Leste de Minas Gerais – UNILESTE – Coronel Fabriciano – MG

Faculdade de Integração do Sertão – Serra Talhada – PE

Universidade Tiradentes – Aracaju – SE

Universidade Tiradentes – Propriá – SE

Faculdade 2 de Julho – Salvador – BA

Universidade Maurício de Nassau – Petrolina – PE

Universidade Maurício de Nassau – Belém-PA

Universidade Alto Vale do Rio do Peixe – UNIARP – Caçador – SC

Faculdade de Ciências e Tecnologia Professor Dirson Maciel de Barros – FADIMAB – Goiana – PE

Universidade Federal Rural do Semi-Árido – UFERSA – Mossoró – RN

Universidade Católica de Pernambuco – UNICAP – Recife – PE

Universidade Maurício de Nassau – Recife – PE

Centro Universitário Planalto do Distrito Federal – UNIPLAN – Brasília – DF

Universidade Maurício de Nassau – Fortaleza – CE

Faculdade do Instituto Brasil de Ciência e
Tecnologia – FIBRA – Anápolis – GO

Universidade Estácio de Sá – Resende – RJ

UNIRN em Natal/RN

Araçatuba-SP Unisalesiano de Araçatuba-SP

Centro Universitário Facisa – UNIFACISA – Campina Grande – PB

Universidade Federal do Rio Grande do Norte – UFRN – Caicó – RN

Faculdade de Talentos Humanos – FACTHUS – Uberaba – MG

Faculdade de Ciências Humanas de Itabira – Itabira/MG

Universidade Ceuma e Facam São Luís – MA

Centro de Ensino Superior Reinaldo Ramos – FARR /
CESREI – Campina Grande – PB

União de Ensino Superior de Campina – FAC-CG/
UNESC – Campina Grande – PB

Universidade Estadual da Paraíba – UEPB – Guarabira – PB

Universidade Estadual da Paraíba – UEPB – Campina Grande – PB

Faculdade de Olinda – Olinda – PE

Faculdade Metropolitana – Jaboatão dos Guararapes – PE

Faculdade Santos Dumont – Santos Dumont – MG

UNICHRISTUS. Fortaleza – CE

Universidade Potiguar – UNIP – Natal – RN

Universidade do Estado do Rio Grande do Norte – UERN – Natal – RN

Universidade Federal de Goiás – UFG – Goiânia – GO

Faculdade de Direito de Cachoeiro de Itapemirim
– Cachoeiro de Itapemirim – ES

Faculdade Escola Superior de Administração, Marketing
e Comunicação – ESAMC – Santos – SP

Faculdade Pio Décimo – Aracajú – SE

Faculdades Integradas de Patos – FIP-Patos – PB

Universidade São Judas Tadeu – São Paulo – SP

Universidade de Passo Fundo – Passo Fundo – RS

Universidade do Estado de Mato Grosso –
UNEMAT – Pontes e Lacerda – MT

Universidade Católica Dom Bosco – Campo Grande/Mato Grosso do Sul

Faculdade Integrada Brasil Amazônia – FIBRA – Belém – PA.

Centro Universitário de Valença – CESVA/FAA – Valença – RJ

Instituto Vianna Junior – Juiz de Fora – MG

Centro Universitário Rio Preto – UNIRP – São José do Rio Preto – SP

Faculdade Barretos – Barretos – SP

Universidade Tiradentes – Aracaju – SE

Centro Universitário dos Guararapes – UNIFIG
– Jaboatão dos Guararapes – PE

Universidade Federal do Rio Grande do Norte – UFRN – Natal – RN

Universidade Federal de Alagoas – UFAL – Maceió – AL

Universidade Federal do Rio de Janeiro – UFRJ – Rio de Janeiro – RJ

Pontifícia Universidade Católica de São Paulo – PUC-SP – São Paulo – SP

Universidade da Amazônia – UNAMA – Belém – PA

Universidade Federal de Campina Grande – UFCG – Sousa – PB

Faculdade Presbiteriana Mackenzie Rio – Rio de Janeiro – RJ

Pontifícia Universidade Católica do Rio de
Janeiro – PUC-Rio – Rio de Janeiro – RJ

Pontifícia Universidade Católica do Rio Grande
do Sul – PUCRS – Porto Alegre – RS

Centro universitário de Paulínia – UNIFACP – Paulínia – SP

Universidade Uma – Catalão – GO

Fundação Armando Alves Penteado – FAAP – São Paulo – SP

Unidade de Ensino do Sul do Maranhão – UNISULMA – Imperatriz – MA

Universidade de Fortaleza – UNIFOR – Fortaleza – CE

Faculdade de Ensino e Cultura do Ceará – FAECE – Fortaleza – CE

Faculdade de Fortaleza – FAFOR – Fortaleza – CE

Faculdade Maurício de Nassau – João Pessoa – PB

Universidade Estadual de Mato Grosso do Sul – Dourados – MS

Sociedade Educacional de Santa Catarina – UNISOCIESC – Blumenau – SC

Centro Universitário de Brasília – UNICEUB – Brasília – DF

Universidade de Caxias do Sul – Bento Gonçalves – RS

Faculdade de Direito do Recife – FDR – Universidade
Federal de Pernambuco – Recife – PE

Universidade Paranaense – Guaíra – PR

Faculdade Meridional – IMED – Passo Fundo – RS

Faculdade de Ensino Superior Santa Bárbara – FAESB – Tatuí – SP

Universidade do Estado do Amazonas – Manaus – AM

Centro Universitário Estácio da Amazônia e
Centro universitário Estácio da Amazônia, Boa Vista – RR

Faculdades Cathedral – Boa Vista – RO

Faculdade Católica de Rondônia, Porto Velho – RO

Centro Universitário de Ensino Superior do Amazonas – Manaus – AM

UNESC Campus II – Serra – ES

Faculdade Pitágoras – Linhares – ES

Faculdade Processus – Brasília – DF

Universidade Estadual de Montes Claros – UNIMONTES

Instituto de Educação Superior da Paraíba – IESP – João Pessoa – PB

Faculdade Martha Falcão Wyden – Manaus- AM

Universidade de Brasília – UNB – Brasília – DF

Esta obra foi composta em fonte Palatino Linotype, corpo 10
e impressa em papel Offset 75g (miolo) e Supremo 250g (capa)
pela Paulinelli Serviços Gráficos.